奇跡を起こす

エンパシー アロマ教室

山本愛子
Aiko Yamamoto

はじめに

ある日、飛行機に乗っている時に、こんなことを思いました。
「神様は、お空から私たち人間のどこをみているのだろうか…？」

人間の身体にあるパーツは基本同じ。肌の色、身長、体型だったりと、もちろん個々に異なるところはあります。それが長所だったり、欠点だと感じたりするわけですが、お空にいる神様は果たしてそこを重要視しているのでしょうか？

そこに関することにもう少し触れていくならば、私たち人間は、自己が成長するために必要な容姿や両親、環境などを選んで生まれてくるという見方があります。であるならば、結局のところ神様は、〝心や魂がいかに美しく成長していくのか〟そこをみているのではないか？と思うのです。

私が提供している〝エンパシーアロママッサージ〟は、身体に触れていきながら、肉体だけでなく、同時に心や感情、そして魂の部分のケアやサポートも行うトリートメントです。私はこのエンパシーアロママッサージを行うセラピストのことを〝エンパシーアロマセラピスト〟と呼んでいます。

エンパシーアロママッサージでは、〝共感＝エンパシー〟することをとても大切にしています。クライアントさんとの身体感覚の共感、心や感情の部分への共感、そして、過去生や今生の課題など、魂の部分との共感…。クライアントさんと共感を起こすために、自分自身との共感、今この瞬間との共感、大いなる宇宙との共感も必要になってきます。

私は、長いセラピスト人生の中で共感＝エンパシーこそが、深い部分からの奇跡のような癒しをもたらすことを身をもって体験し、多くの方々の変容を目撃してきました。もしも今、誰かに何らかの癒しを施す立場にいる方や、自分自身を癒している真っ最中の方が「あと一歩、癒しのために何かが必要…」と感じているならば、もしかしたらそれはこの共感＝エンパシーなのかもしれません。

そして、共感＝エンパシーにも様々な種類や視点があります。

この本では、共感＝エンパシーについて学び、エンパシーの感度を高め、クライアントさんを癒しつつセラピスト側も深く癒され、共に成長していけるエンパシーアロママッサージの基本をお伝えしていきます。けれども共感＝エンパシーは、言語化して説明することがとても難しい世界。なので、本の内容は私の一方的な言葉のみでお伝えするのではなく、授業のような形式をとって、立体的にお届けできたらという思いで書かせていただいています。

セラピストになりたい、好きではじめたセラピストなのに思うようにいかない、施術に身体がついていかない、クライアントさんとのコミュニケーションが上手くいかない、相手に必要以上に入り込んでしまう、逆に必要以上に境界線を引いてしまう、サロンに個性を出していきたい、自分自身を癒したい、家族や大切な人を癒したい、なぜか〝共感〟という言葉に惹かれる…。

みなさんは、どんな理由でこの本を手にしてくれたのでしょうか？

それぞれ、様々な理由があって本書を手にしてくれたことと思います。そしてどんなきっかけであれ、もう既に、深い共感がはじまっているのだとも思います。

この本を書くにあたり、ある日の早朝、近所の海で宇宙と共感してみました。すると〝すべては愛のエネルギーなんだ〟というメッセージがやってきました。

こんなことを書いていますが、私は以前、スピリチュアルな事に否定的だった時期がありました。けれど不思議なのですが、そこに向き合わざるを得なくなる流れになって、今、このような施術を行い、教える立場にいます。

〝愛〟なんていう言葉を言われても、辛い状況にいる時は全力で否定したくなるか、妄信して思考を停止したくなることもあります。私もそんな経験をたくさんしてきましたし、今でももちろん、そんな日もあります。けれど現在は自信を持って「うん、そうだよね。すべては愛のエネルギーなんだ！」と深い部分で宇宙と共感し、信頼できる自分がいます。

みなさんと共にこの本を通して、私もさらに〝心や魂〟を成長させていきたいと思います。

それでは、エンパシーアロマセラピストが癒しの助け人として世界中に広がっていくことを願いながら、エンパシーと共にこの本をスタートします。

山本愛子

Contents

Lesson

2

精油とエンパシーする方法

Lesson 3

エンパシーカウンセリング

Lesson 4

エンパシーヒーリングワーク

エンパシーアロマ体験談

Lesson 1

エンパシーの種類と使い方

授業の前のご挨拶

では早速ですが、まずは自己紹介からさせていただきたいと思います。

私の名前は山本愛子です。

もう20年以上、主にアロマを用いたトリートメントを行うセラピストをしています。

成人しましたが2人の娘の母親でもあり、シングルマザーとして周囲の助けを借りながら子育てをしてきました。

神奈川県にて個人サロン『エンパシーアロマスクール・サロン I&YOU』を主宰していて、コロナウィルスが流行する以前はシンガポールでも数年サロンを経営していました。

現在は対面でエンパシーアロママッサージの施術を行うほか、オンラインでもエンパシーを用いたカウンセリングやエンパシーアロマセラピストの養成講座等を提供しています。

「はじめに」でも少し触れましたが、この本では多角的に〝共感＝エンパシー〟の感覚を受け取ってもらえるように、伝え方を次のように工夫してみました。

まずは、エンパシーアロマセラピスト養成コースの生徒さんと実際に行ったオンラインでの講義を元に、授業のような形式をとってお伝えしていきます。そしてその後に、さらに詳しく私が解説を入れていきます。

誰かのシェアや質問を耳にすることで深く納得したり、気づきが起こることって多いですよね。そんなことがみなさんにたくさん起きたら良いなぁと思いこの形式を取りました。また、たくさんのヒーリングワークも紹介しているので、ぜひ一緒に行ってみてください。

では、次ページから『エンパシーアロママッサージ』の特別授業、第1回目のレッスンをはじめます。

《レッスン》

自分自身とワンネスしよう

みなさん、こんにちは！
今日は４名の生徒さんに参加していただき『エンパシーアロママッサージ』の特別授業を行っていきたいと思います。

では、まずは自己紹介からお願いします。
ヒロミさん、簡単に自己紹介をお願いしてもよろしいでしょうか。

ヒロミ「シンガポール在住20年目になるヒロミです。娘と犬と暮らしていて、ヒーリングセラピス

トをしています。出産と同時にアトピーが出なくなっていたのですが、ここ数年また出るようになっていて、身体に関することもたくさん学んで実践してきたのに、なかなか良くなりません。このアトピー症状にどんな意味があるのか、それも知りたくて愛子さんのレッスンを受けはじめました。どうぞよろしくお願いします」

はい、ありがとうございます。続いてマリコさん、よろしくお願いします。

マリコ「神奈川県在住で、夫と息子たちと暮らしています。スピリチュアルなことは昔から好きで、だけど自分には関係のない世界という意識が強くありました。愛子さんの施術を受けてみて、私が変化したら家族にも良い変化がたくさん起きて、

私も挑戦してみたい！と思い、養成講座を受けはじめました。
私は今は身体に触れないエネルギーワーク中心の施術を提供しているのですが、本当はお客様に触れる施術がしたいです。相手に触れることがこわい…というか、なぜかとても抵抗を感じていて、〝抵抗の中にはギフトがある〟とよく言われているし分かってはいるのですが、これからどうしていこうか悩んでいるところです」

マリコさん、ありがとうございました。
ヒロコさんもお願いします。

ヒロコ「はい。同じく神奈川県に住んでいるヒロコです。よろしくお願いします。
私は優しい旦那様と可愛い息子がいて、幸せに

《 レッスン 》

暮らしています。ですが、幸せなはずなのに常に心にぽっかり穴があいているような、そこに嫌な風が吹き込むような感覚がありました。なんでだろう?と思っていた時、数年前になりますが、知り合いに愛子さんを紹介してもらい、施術を受けてなぜか涙が止まらなくなる経験をしました。その穴の感覚は、みないようにしていた私の子ども時代の痛みや傷であり、さらに過去生の出来事や、過去生から引き継いだ癒すべき傷であることが分かりました。今も夢中で自分自身を知るために学びを続けています。

ヒロミさんが自己紹介でアトピーの話をされている時、私にも同じ経験があるので、胸が熱くなり涙が出てきました。〝エンパシー＝共感〟している感覚が起きました。みなさん、どうぞよろしくお願いします」

ありがとうございます。

そう、その「胸が熱くなり涙が出る」感覚はエンパシー＝共感のひとつですね。それが起きている時の自分自身の身体の感覚と、心に起きている感覚に注目してくださいね。ここがとても大切なポイントになりますので!

では最後にセイコさん、自己紹介をよろしくお願いします。

セイコ「はじめまして、広島在住のセイコです。身体と心がボロボロだった頃、妹に紹介されて愛子さんの施術を受けました。

初めて愛子さんのサロンを訪れた時、もう10年以上も前の出来事なのに、7ヶ月で生まれてしまい保育器に入り、その後に亡くなってしまった娘のことが思い出されました。胸が罪悪感でいっぱいになり涙が出てきたので、それを愛子さんに告げると、『…セイコさん、娘さんはどんな表情をしていますか？みてあげてください』と言われました。イメージの中で娘の顔をみると、その顔は笑顔でした。驚きました。そして今度は、罪悪感の涙ではない涙が溢れてきました。

悲しみと向き合ったら、そこには短い間でしたが娘と過ごした時間がしっかりあったことが分かって、しかも娘は笑顔だった。世界の見え方が

《 レッスン 》

一変しました。そこから、私もセラピストになってサロンを開きたい！という夢ができました」

みなさん、ありがとうございました。自己紹介を聞いていたら、授業ははじまったばかりなのに共感がたくさん起きて胸がいっぱいになって、癒される感覚が起きました。

それぞれすべての人に様々な経験がありますよね。それは嬉しいことだけじゃなくて、悲しいこと、苦しいこと、腹立たしいこと、もう立ち直れないんじゃないか？と思えるようなこと…。簡単には言えないけれど、その経験が〝すべて〟なんじゃないかと思っています。

誰かを癒したい、助けになりたいと覚悟を決めた時、その経験のすべてがセラピストとしての自分を助けてくれるように思います。けれどその為には、その経験を自身が咀嚼して、感じて、癒して、満たすことからはじめる必要があります。

みなさんよく〝ワンネス（すべては一つ）〟という言葉を聞いたことがあるかと思います。宇宙や地球とワンネス、一体になる感覚を得ることももちろん大事なのですが、まずは自分自身と繋がった感覚、〝自分とワンネス〟していくことがセラピストにとっては何よりも大切なことだなと思っています。それは、〝自分自身と共感＝エンパシー〟している感覚と同じです。

この授業を聞いていたら、自分とワンネスする感覚もつかめてくるはずです。それは一体、どんな感覚だと思いますか？楽しみにしていてくださいね。

では〝共感＝エンパシー〟の基本的な部分の説明から授業を進めていきます。

エンパシーの5つの種類

私は20年以上、アロマセラピストとして活動をしていますが、はじめからエンパシーアロママッサージを行っていたわけではありません。セラピストとしての経験を積みながら、徐々に今の形になっていきました。この経緯は後で詳しくお伝えしますね。

たくさんのクライアントさんとの出会いがあり、また、自分自身もたくさんのセラピーを受け、学び、癒す中で〝共感＝エンパシー〟のことを理解していきました。知った時は「そうそう、それ!その感覚知ってる!」と驚くと共に、深く納得したことを覚えています。

共感=エンパシーには、世界中に色々な考え方や手法があります。私は主に、次の5つの共感の感覚を意識して施術を行っています。

①ボディ触覚派
②ボディ視覚派
③ハート触覚派
④ハート視覚派
⑤ハート聴覚派

この5つです。

感覚に正解も不正解もない

共感=エンパシーが起きる感覚は、それぞれの感性によって違います。まさしく〝感覚〟の世界なので、言語で説明することはとても難しいと感じています。

例えば「幸せ」という感覚にも様々なものがありますよね。

美味しいものを食べて感じる「幸せ」、楽しいおしゃべりをしていて感じる「幸せ」、自分の身体と心がリラックスしている時に感じる「幸せ」、誰かが笑顔でいるところをみて感じる「幸せ」……。

同じ「幸せ」だけれども、じっくり感じてみると、「幸せ」を感じる身体の部位まで違うような気がしませんか?

この「幸せ」、100人いたら100通りの感じ方があるのだと思います。また、年齢やライフステージによっても「幸せ」の形は変わってくると思います。

セラピストの方たちなら「うんうん」と頷いていただけると思いますが、不健康だからといって「不幸」なわけでは決してありませんよね。健康を損なってはじめてみえてくるものがたくさんあります。

ひとつの感覚に対しても、本当に様々な捉え方があります。何が言いたいかというと、共感＝エンパシーもまさにこの感覚の世界。人によって感じ方が違うので、〝正解〟はないといえます。なので、その時、自身が感じていることがすべてです。

セラピスト側だけでなく、クライアントさん側にも同じことがいえます。

例えば施術中、クライアントさんに共感している時にネガティブな感覚を感じたとします。そのネガティブな感覚がその方の価値観を下げていて、癒しが必要だなと思った時、私はセラピストとして共感＝エンパシーで感じたことを伝えます。けれど、その言葉をどう感じるか、どう受け取るかはクライアントさんの自由です。

つまり、まずは〝自分の感覚を信じてくださいね〟ってことです。これからはじまる共感=エンパシーのレッスンも、自身の感覚がすべて。感覚も成長と共に変化していくし、まずは〝今、ここ。この瞬間〟の感覚からはじめていきましょう！

相手から「もらっちゃう」時は？

では、身体で感じる共感=エンパシーの感覚から説明していきますね。

身体を使った共感の方法には、

①ボディ触覚派
②ボディ視覚派

の2つがあります。

簡単に説明すると、

《 レッスン 》

①の〝ボディ触覚派〟は施術を行っている時に自分の身体の触覚を通して、一体化してクライアントさんの違和感や不調を感じる方法です。

②の〝ボディ視覚派〟は、施術を行っている時に、自然と手がクランアントさんの不調箇所に向うとか、「ここもっと重点的にほぐした方がいいな」などと直観を使いながら心の眼でみていく感覚です。

既にセラピストとして活動されている方なら「あ、その感覚分かる！」と思った方も多いのではないでしょうか？

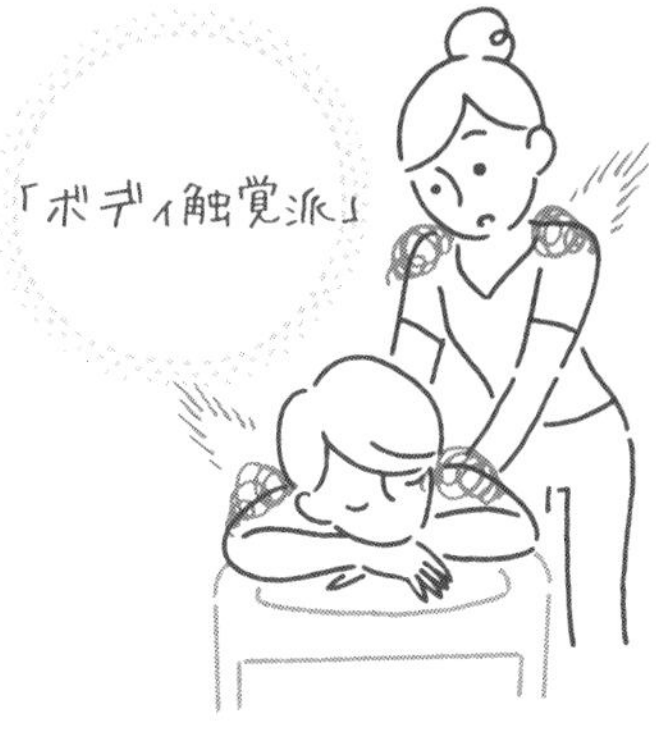

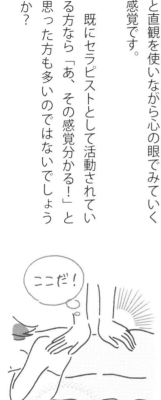

では、みなさんにも聞いてみたいと思います。
ヒロミさん、施術をされている時、①と②のどちらの感覚を強く感じますか？

ヒロミ「私は断然、②のボディ視覚派です。愛子さんのもとで学ぶ前から、私はセラピストとしてお客様に触れている時期がありましたが、何となく「ここかな？」とか、自然とお客様が「もっとほぐして欲しい！」と思っている身体の部位に手が向うことが多かったです。
それはその場所が特に目にみえて凝っているとかそういうわけではなくて…。けれど、それが共感＝エンパシーだったなんて、思ってもみなかったですけどね」

そうなんです！
たぶんどんな方も、こんな感じでこの共感＝エンパシーの力を使ってきていると思います。元から多くの人が持っている力でもあるのですが、ヒロミさんが「お客様に少しでもラクになって欲しい…」というピュアな気持ちを持って施術を行っているので、さらにその共感スイッチが強く入っているのだと思いますよ。

ヒロミ「それは嬉しいです。不思議ですよね、身体に触れるとフッとそういう感覚がやってくるって。そういえば、私はお客様のお腹に手が向うことが多いように思います。そして、お腹のトリートメント後にお客様がラクになると、私自身もお腹の調子が良くなるように感じます。これって、①のボディ触覚派でもありますよね？」

そうですね。①のボディ触覚派と、②のボディ視覚派が同時に起きていますね。私自身もそういうことはよく起こりますし、この〝クライアントさんがラクになると自分もラクになる〟という感覚も、これまでに体験されている方は多いんじゃないでしょうか。

ヒロミ「……逆に、お客様のお腹をトリートメントした後に、自分の手が腫れてしまう時がありります。これって、お客様に共感し過ぎてしまっているから起きるんでしょうか？これが俗に言う、〝セラピストは相手からもらってしまう〟という現象なのかと思うと、こわくなることもあります…」

ヒロミさん、質問してくださってありがとうございます。この話はとっても重要！

例えばですが施術以外の時も、その場の空気感を心身で感じたりすることってありますよ

ね。

ある人がいる空間に入った瞬間「あ！この人、イラついているな」と感じたり、なぜか自分も気分が悪くなったり、身体が重たくなったり。その逆に、とてもラクになる相手もいますよね。一緒に居ると元気になっちゃうような。

この感覚って、多くの方が持っているものなんですよ。そして、私たちセラピストは、相手の身体や心、感情にダイレクトに触れる職業です。触れたり、話を聞いたりしたら、絶対的に相手のエネルギーに触れやすくなるってことは、大前提なんですよ。

それでその〝もらいやすい〟っていう説は、

《 レッスン 》

とても受け身な感覚ですよね。ネガティブなエネルギーが、一方的にこちら側に流れ込んできてしまうイメージというか…。

ここでしっかりと自覚してもらいたいことは、私たちは能動的に〝共感〟していくってことなんです。自身が自ら意識的に、クライアントさんに〝共感＝エンパシー〟していくんです。この意識、感覚がとっっっても大事です。この話は本当に重要なのでしっかりと伝えていきたいと思いますが、その前にちょっとヒロミさんに質問をさせてください。

ヒロミさん、〝もらっちゃったかも…〟って感じる時って、どんな時ですか？どんな時にそう思うことが多いですか？

ヒロミ「…うーん。すべてのお客様に感じるわけではないんです。なんだろう、どんな時か分からないですね」

今度から、いつ、どんな時に、どんな相手に対してそう感じることが多いのか、ご自身を観察してみてください。私の経験上、自分のことを知ろうと思わない限り、そういう受け身の状態はずっと続いてしまいます。

ヒロミ「…今、愛子さんと話していて素直に思ったことは、〝もらっちゃったかも〟って感じている時って、すごく被害者的なスタンスに立っちゃっている時なのかもって感じました。手の腫れを発動させたネガティブなエネルギーはお客様のもので、私には関係のないもの。なのに一方的にもらってしまった…みたいな。確かに、とても受け身な感覚ですね。たぶんなんですが、そのネガティブなエネルギーって私の中にもあったもので、お客様の施術を行うことで同等のエネルギーに触発されて、私の手にも腫れとして出てきてしまったのかな…と思いました」

ありがとうございます。こういうことって様々なシチュエーションがあるので、一概に「その通り！」って言えないものだと思います。けれど今、ヒロミさん自身がそう感じたということは、その時の手の腫れに関してはそうなのだと思います。私もヒロミさんの話を聞いていて、同じことを感じていました。

〝もらっちゃう、こわい〟って思っている時は、とても受け身な状態にある時だと思います。

《 レッスン 》

こういう状態で居続けると、確かに身体も心もいっぱいいっぱいになって疲弊して、セラピストを続けていくことは困難になるかもしれません。けれど安心してくださいね！その状態から抜け出すためにも、共感＝エンパシーを学んでいくことはとても助けになりますから。

ちなみにヒロミさんは、クライアントさんのお腹に手がいきやすかったり、手が腫れやすいようなので、〝お腹と手〟が感じやすい部位なんだと思います。感じやすい部位は何かと症状が出やすい部分でもありますが、裏を返すと繊細でピュアなエネルギーを感じることのできるギフトの部位、才能が目覚めていく部位でもある。セラピストにとっては、手がギフトなんて最高ですよね！

先ほどの、手が腫れてしまったネガティブなエネルギーの話ですが、ここで、もうひとつ私が感じたことを伝えます。

セラピストになったり、癒しの道を進むと「私は私をたくさん内観してきたし、癒してきた。だから私はもう大丈夫！」と思いやすいし、そうでありたい気持ちが大きくなりやすい。だから、すべてのネガティブなエネルギーを、相手のものにしておきたい気持ちも芽生えやすくなる。だけどそうすると、自分の成長はそこでストップしてしまうんです。

もしもセラピストとしてこの先も成長していきたいなら、視野を広げることが大切です。「今、受け身になっていないか？この痛みや違和感には、私にとってどんなメッセージがあるんだろう、どう現実的に対処していけばいいんだろう？」って。相手のネガティブなエネルギーのせいだけにしていたら、そこから先に進めなくなっちゃいますからね！

ハッキリと言っておきますが、癒しても癒しても、生きている間は自分自身を成長させるために、課題は次から次にやってきます。以前は嫌になっちゃうこともありましたが、今は魂の成長のチャンスだと確信しています。しっかり向き合っていけば対応も早くできるようになるし、様々な視点から解決策がみつけられるようにもなる。そして、課題の中にも喜びや愛のエネルギーをたくさん感じることができるようになっていきます。

反応が起きる部位はギフトの場所

さてさて、このやり取りを聞いていて、マリコさんは何か思いましたか？

《 レッスン 》

何か感じたことがあればでよいので、教えてくださいね。

マリコ「愛子さんとヒロミさんの話を聞いていて、自分の首と左の肩甲骨に反応が出ました。私はお客様の身体に触れる施術はしていませんが、カウンセリングをしたりエネルギーを感じたりしている時に、①のボディ触覚派が起きます。自分の身体を通して、相手を感じることがほとんどです。この首と左の肩甲骨の身体反応はヒロミさんに共感したから起きたものだと思うのですが、自分の勘違いだったりして…とか、何だかいつもいまいち自信が持てなくて…」

はい、ありがとうございます。

肩甲骨って、鳥の羽や天使の翼をイメージしてみると、羽が生える付け根の部分にあたりますよね。羽ばたく場所だし、解放感を感じる場所だと思うんです。

ヒロミさんの話を聞いていてその部分に反応があったということは、敢えてポジティブなエネルギーなのか、ネガティブなエネルギーなのか?と考えると、ヒロミさんのポジティブなエネルギーに反応したんじゃないかと思います。

マリコ「はい、感じている時も嫌な感覚はなかったです」

そうそう、その〝どんな感じだったか〟っていうのがとっても重要です！

マリコ「そして、ヒロミさんと愛子さんの話を聞きながら、私も思うところが色々とありました。セラピストが施術後に感じる不調を、お客様のエネルギーのせいにだけできたらラクだけど、やっぱり自分も持っているエネルギーの可能性でもあるんだなと改めて私も感じるというか、認めることができました。

〝相手からもらってしまうかも…〟と恐れを常に抱いていたら、お客様と対等に向き合うことも、セラピストを続けていくことも困難ですもんね…。それよりも、自分にもみつめるところがあるのかもしれないと思い、自身を内観し癒し続けていくほうが、大変だけれど（笑）どれだけ健康的か！私自身も、何かから解放されたような爽快感を感じています」

ヒロミ「マリコさん、ありがとうございます！実はお腹と同じくらい、緊張したりすると私は肩甲骨に凝りや痛みを感じることが多いんですよ。マリコさんと愛子さんの話を聞いていて、私も肩甲骨辺りがフッと軽くなりました」

よかったですね！

もしも、何かが起きた時に強く反応する部位が身体にあるとすれば、先ほどもお伝えしましたが、それは〝ギフトの場所〟です。私は〝私はどこも痛くないです。私は大丈夫です！〟と言っている時のほうが、実は身体も心もガチガチになっていることが多いのではないかとも思います。

だからヒロミさんのように手に症状が出たり、「もらってしまう恐れ」が自分の中にあって、それをこうしてみんなにシェアできたってことは

実はとても良いことなんです。出てきたことに向き合い、乗り越えたらさらに大きく羽ばたけますね。

長年セラピストをしてきて感じることは、〝痛み〟って、悪いことだけではないってことです。痛みが出ているとつらいし、出ている間はキレイごとだけではすまないけれど〝痛みを出せる力がある、痛みを感じる力がある〟って、すごいことだと思うんです。

じゃあ今、何ができるか？

他のお二人にも話を聞いてみましょう。

セイコさん、何か感じたことがあればお願いします。

セイコ「ヒロミさんとマリコさんの話を聞いていて、驚きました。私、そこまでお客様のことを考えながら施術ができていないなって…。揉みほぐしがメインのチェーン店でセラピストとして働きはじめたばかりなのですが、やらなければならないことが多いし、一人ひとりのお客様に合わせた施術を行うことはできません。順番というか、プログラムが決まってい

《 レッスン 》

るので、自分の思うようには施術を行えないんです」

なるほど…。
けれど、自分でサロンを経営していない以上、それぞれのお店のルールは大切ですよね。それを踏まえた上で、じゃあ、自分には何ができると感じますか?

セイコ「うーん、そうですね。施術の流れが決められているので、②のボディ視覚派の中の直観に任せて自分の手をお客様に向けていくことはできませんが、〝肩の施術が必要〟と感じたならば、決められたプログラムの中でも、肩を重点的にほぐしていくとか、そういう工夫はできるかなと思いました」

そうですね、とても良いアイディアだと思います。ちなみにセイコさんは、②のボディ視覚派が強いタイプなんですね。

ちょっと厳しい意見になりますが、はじめから自分が行いたいスタイルの理想のサロンで働いたり、開業をしたりってとても難しいですよね。エンパシーアロママッサージを行うにしても、様々なジャンルのサロンで経験を積むことってとても大切だと思うんです。自分の思い通りにならない状況の中で「じゃあ今、何ができるか？」って思案して工夫していくこと。これが後に、自分のサロンを長く経営していける土台に繋がると私は思います。

自分の思い通りにできない、自由にできないって、現状に対する不満ばかりと繋がってクライアントさんに向き合うと、それこそ相手のエネルギーを吸っちゃったりすることがあるんです。セラピストとして、それだけは避けなければならないことですよね。

さきほどセイコさんが話をされている時、私は喉に違和感を感じました。セイコさんの喉に共感していると思うのですが、これを聞いてどうですか？

セイコ「…。はい、お店に対する不満がとても溜まっていました。でも、いきなり開業は不安なので、その前に修行を積みたくて、自分で選んで今のお店に入りました。日々のルーティンの中でいっぱいいっぱいになっていたのだと思います。けれど今、どんな状況でもエンパシーのことを忘れずに施術を行うことはできる！と深く感じました。視野が広がったというか、希望が持てたような、そんな気持ちです」

自分自身にもっと優しく！

ここで、私自身がどんなスタイルでエンパシーアロママッサージを行っているか、お話ししますね。

まず〝共感＝エンパシー〟の力に気づいて施術に取り入れはじめた頃は、①のボディ触覚派が優位でした。

クライアントさんに触れると、自分の肩や背中に違和感を感じたり、脚に重さを感じたり。なのでそこを重点的に施術していくようになりました。しばらくそれで施術を行っていたのですが、その内に手が勝手にお腹に向ったり、直観で「この部位だ！」と感じる②のボディ視覚派も強くなっていきました。クライアントさんの反応も今までより良くなり、確かな手応えを感じていました。

けれど、その後に今度は心や感情が共感する感覚が芽生えてきました。

これには身体と同じように、

③ハート触覚派
④ハート視覚派
の2つがあります。

③は自分自身の心・感情でクライアントさんの心と一体化し、心の状態を感じる方法です。

④は直観で心の様子や感情が分かったり、過去生や様々なヴィジョンやイメージがフッと湧いてきたりする感覚です。

まだ、ヒロコさんに話を聞いていなかったですよね。

①ボディ触覚派、②ボディ視覚派に加え、③ハート触覚派、④ハート視覚派の話を聞いて、何か感じることはありましたか？

ヒロコ「私は横浜で整体をメインにしたチェーン店で働いています。そして最近は自宅でもサロンを開業しました。私は自分の身体で感じることもあるし、直観で手が向うこともどちらもあります。はじめは「これ、合っているのかな…？」と疑心暗鬼になったり、自分の感覚が間違っているのか、合っているのか、そこに意識が向きがちだったのですが、数ヶ月経つと、〝合っている〟〝間違っている〟ではなく、そう感じたのだから、まずはそのように施術してみようと思えるようになりました。もっとこの感覚を磨いていきたいです」

うん、本当にその感覚は大切です！

私たちはどうしても正解、不正解でジャッジしがちですよね。それを軸にしたがる癖がついちゃってる。けれどセラピーの世界に、絶対的な正解も不正解も存在しないと思うんです。そこにこだわっちゃうと、誰かを妄信して「私は間違うから、判断してください！」って強く思うようになっていっちゃうと思うんです。逆に、誰かに教える講師的な立場にあるセラピストであれば、「自分の感覚が正解、あなたは間違っている。私の方が正しい！」って強く思うようになっていく可能性もあります。これほどこわいことはないですよね…。

合っている、間違っている、その視点以外の視野で施術を行えるようになると、とてもラクになります。

ヒロコ「そうですね。思い起こせば、私は幼少期から〝正解しなきゃ怒られる〟という思いが強かったように思います。そしてそれが当たり前というか、それ以外の選択肢が自分の感覚にはなかったです。だから今は、とても呼吸がラクになりました。

③と④の感情の共感に関してですが、自己紹介の時にも言いましたが、私はヒロミさんがアトピーの話をされている時、とても心が揺さぶられました。私もアトピーで苦しんでいるし、癒されきっていないので、③のハート触覚派が強く起こりました。そしてそれは間違いなく、私の課題でもあります」

シェアをありがとうございました。

《 レッスン 》

私はヒロコさんの話を聞いていて、今、ヒロミさんにアトピーに関するお話をここでしていただいた方が良いと感じました。

ヒロミさん、よければご自身のアトピーに関して、今までどのようなケアを行ってきているのか、少し教えていただいてもよいですか?

ヒロミ「はい。自己紹介の時にも言いましたが、本当に様々なことを試してきています。さっき話した施術後に手が腫れてしまった時なんかは、サロンで施術を行うことができないくらいひどい腫れでした。けれどその時に実践したことが、今までで一番効果を感じました。

もう本当にひどくって、ボクシングのグローブみたいに腫れてしまって、かゆいけれどかけないし、精油を使った自然療法のお手当もできないくらいだったので、ぬるま湯で患部をすすぐくらいしかない状態でした。そしてすすいだ後はその都度、ローズウォーターを浸したキッチンペーパーで患部をパックして、熱を持った炎症のあるお肌を冷却沈静、保湿していました。お腹も弱いので、内側から本格的にケアしようと決心して、グルテン(小麦類)、グレイン(穀物)、乳製品をすべてカットする腸ヒーリングダイエットという食事療法も行いました。私には適していたようで、段々と良くなっていきました」

ヒロミさん、ありがとうございます。

今話してくださったこと以外にも、今までに本当に色々な方法を試したり、ケアを行ってきたことが伝わってきました。まさにセラピストとして生きた経験だし、アトピーに悩むクライアントさんがいらした時にも、様々な角度から提案できますよね。

ヒロコさん、ヒロミさんの話を聞いてどうでしたか？

ヒロコ「ありがとうございました。なんだか涙が出ちゃいました。

アトピーって、手が腫れたりかゆくなったりするから、施術にもすごく影響が出るんです。だから今まで以上に〝早く完治させなきゃ〟〝セラピストなのにこんなんじゃダメだ！〟って自分を追い込む感覚が常にあって…。ヒロミさんの話を聞いていて、アトピーを受け入れて、そしてその都度、対応していくことで器が広がっていくんだと感じました。アトピーを持つ自分に、もっと優しくありたいと心の深い場所から思いました」

ヒロコさんのその経験や想いも、いつしか必ずクライアントさんの助けになりますね。

《 レッスン 》

実は私はヒロミさんの話を聞いている時、④のハート視覚派の共感が起こりました。あるヴィジョンが浮かんできたんです。それは、痩せていてお腹だけがぽっこり出ている子どものイメージ。飢餓が起きている紛争地帯の子どものような…。もしかしたらこれ、過去生のひとつかもしれませんね。

ヒロミ「…そんなイメージがみえたんですね。何だか心がモヤモヤします。今までさんざん身体へのケアは工夫して行ってきたので、なんだかそのヴィジョンがここから先の内観面でのケアの鍵になりそうな予感がしました。お客様から〝もらっちゃう〟ってこわがるよりも、身体と心、そして過去生も含めて、自分自身のことをもっとみていこうと思います。

なんだか悩みでもあるアトピーのおかげで、今のセラピストとしての自分があるような気がします。今はまだピンときませんが、その子どものイメージをどこかで覚えておきながら、これからも内観を深めていこうと思います」

宇宙と共感すると起こる奇跡

では、この心と感情のエンパシーについて、もっと話を聞いていきたいと思います。

セイコさん、施術中で何か③ハート触覚派、④ハート視覚派に関する経験はありますか？

セイコ「はい、あります。ちょっと前に、私が働いているサロンの店長に練習も兼ねてトリートメントを行う機会がありました。その時に店長が「最近、悩みがあって身体がガチガチで…」とおっしゃっていて、触れると本当にガチガチでした。しばらく施術を行うと、急に店長の亡くなられたお母様のヴィジョンが浮かんできて、なぜか涙が出てきました。そしてお母様が〝あなたの思ったようにしなさい〟とおっしゃったような感じがあって、言おうかどうか悩んだのですが、店長にお伝えしました。伝えると、店長は驚いた表情をされましたが、深く頷いてくださったんです」

そんなことがあったんですね。

それは、③のハート触覚派と④のハート視覚派の両方が起きましたね。

《 レッスン 》

涙は、店長さんの感情でしょうね。セイコさんが代わりに泣いたことで、店長さんの感情も癒えたと思います。このハート触覚派では、こんなふうにいきなり涙が出てきたり、自分の心も動いたり響いたりするような感覚があるんです。

お母様のビジョンと言葉は、④のハート視覚派ですね。これは、相手の感情が直観的に分かる以外にも、このようにヴィジョンやイメージが湧いてくることがよく起こります。

そして、これは〝宇宙からのメッセージ〟でもあると私は考えています。セイコさんはその時、宇宙としっかり共感していたのだと思いますよ。この宇宙と共感する話はエンパシーアロママッサージの核となる部分でもあるので、後ほど詳しく解説を入れていきますね。

セイコ「宇宙と共感していたなんて、嬉しいです。でも実はこの頃、私自身も息子との間のわだかまりが消えた頃だったんです。

私には20代の息子がいるのですが、自分の嫌なところが鏡写しのようにそっくりで。ガッチリとした体型まで似ていて、無意識でしたが自分自身の感情をよく息子にぶつけていたと思います。愛子さんの施術を受けるようになって、このことに気づいていきました。そしてちょうどその頃、息子に「今までごめんね。母さん、あなたに自分を重ねて、さんざんひどいこと言ってきたね。今まで本当にごめんね」と伝えることができた時期でした。私は大泣きしていましたが、息子も泣いていて…。この話をすると今でも泣けてきます。そして息子を抱きしめることができて、一気に距離がなくなりました」

話していただきありがとうございます。

そこまで辿り着くまでに、様々なプロセスがあったと思います。親子のカルマ、課題を清算された瞬間のお話しですね！セイコさんがきちんと親子の課題に向き合ったからこそ、店長さんとも深く共感できたのだと思います。

また、私も話を聞きながら自分のお腹に手が向っていて、共感している感覚が起きました。この時点で私にも癒しが起きているし、話を聞くだけで相互に癒しが起きている。共感しながら相手と共にいると、このような響き合いが起きます。

マリコ「私もセイコさんの話を聞いていた時、左の腰辺りに痛みの反応があって、手をあてていました。そして段々胸が熱くなってきて涙が出てきて…。そうしたら、痛みがなくなっていました。私はやはり①のボディ触覚派の共感感覚が強いみたいです。他の感覚は感じな

《 レッスン 》

いですが」

何を言っているんですか！話を聞きながら涙が出てくる、というのは凄く深い部分で共感が起きているということですよ。③のハート触覚派ですよね。そして、共感の響き合いが起きてマリコさん自身にも癒しが起きた。

腰辺りというと、腎臓がある場所です。今、私はマリコさんの話を聞きながら〝恐れ〟というキーワードが浮かんできました。

マリコ「〝恐れ〟ですか…。こわい、恐れ、という感覚は常に近くにあるような気がします。相手に触れる施術がしたいのに、なぜか一歩が踏み込めないのも、〝こわい〟という感覚が湧き起こるからなんです」

中医学や東洋医学では、恐怖の感覚は腎臓に由来すると言われていますよね。私は、腎臓と耳は形が似ているので、腎臓のケアのために耳の施術を行うことがあるのですが、マリコさんはまず、耳のケアをしっかりやってみるところからはじめるとよいかもしれません。

親子のカルマ、過去生なども関わっているとは思いますが、耳のケアをすることで気づき

腎臓と耳

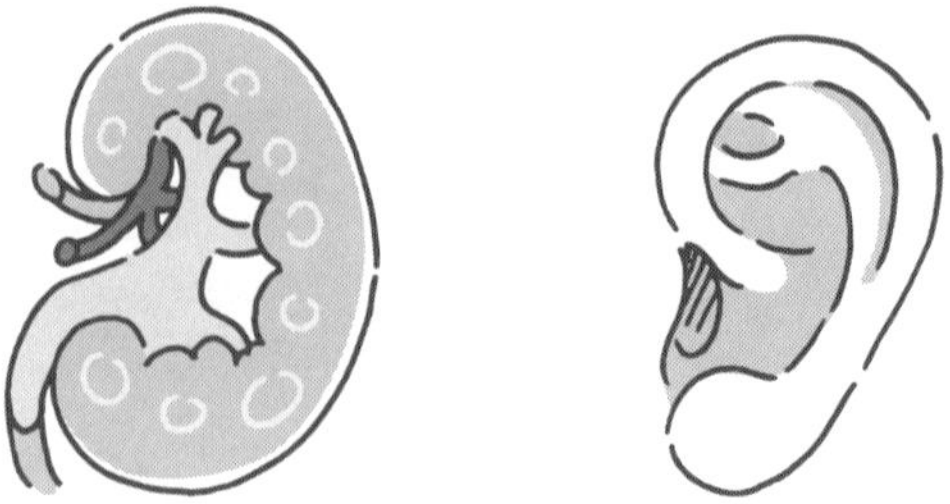

が加速するかもしれません。

　でもね、恐れの感覚をそんな風に明確に感じとっているということは、もうその恐れを癒す準備はできているということなんですよ。今、向き合うには良い時期かもしれませんね。

マリコ「やってみます。けれど、腰＝腎臓＝恐れ＝耳って、面白い図式ですね。恐れの感情に関して無限のアプローチ方法があるような気がして、何だか勇気が湧いてきました！」

　そう、それがセラピーの醍醐味ですよね。耳のケアだけでなくて、今後、マリコさんがご自身で試行錯誤される経験がすべて施術に活かされますよ。〝恐れ〟の感情ケアのエキスパートになれる可能性だってあります。

3秒以内にやってくる感覚を信じて

③と④の心と感情の共感に関して、もう少し話を聞いていきたいと思います。
ヒロコさん、サロンでの経験で何かありますか?

ヒロコ「あります。つい先日いらっしゃったお客様です。
お客様は「自分に自信がもてない」「人生がうまくいかない」「孤独感が強い」と悩んでいる様子でしたが、施術でお腹の辺りに手が触れた時、お客様が小学生の頃の姿が浮かんできたんです。その小学生の子はお客様のことがとっても大好きで、とても信頼しているようでした。「孤独じゃないよ、私がいるよ!」と現在のお客様に伝えたがっていると感じて、気づくと泣きながらそのことをお伝えしていました。伝えると、お客様も涙を流されていました」

それはセイコさんの時と同じように、③のハート触覚派と④のハート視覚派が同時に起きましたね!

ここで、共感＝エンパシーが起きる時の感覚に関して、分かりやすいアドバイスを紹介しておきましょう。

共感＝エンパシーは自分の思考が湧き上がる前にやってきます。

敢えて数字で示すと、3秒以内にやってくる感覚です。3秒以上経ってから湧き上がるものだと、自分の思考や想いが投影されたものになっている可能性があります。でも、これも人それぞれ違うかもしれないので、ひとつの目安として捉えてくださいね。

ヒロコ「そうですね、本当にパッとやってくる感覚でした。愛子さんの言っていること、よく分かります。自分の問題を投影しちゃってる時とか、どうにかしてお客様に癒しを起こさないと！って焦っている時って、確かにパッとやってくるような感覚ではなくて、無理矢理に事を起こそうとしている違和感や、こじつけようとしているような力技感があります」

話してくださってありがとうございます。この話もとても大事！

共感＝エンパシーのために大切なことは、とにかく自分のことをよく知ることです。

施術を行う前は出なかった感覚が、クライアントさんに触れた瞬間出てくる。触れる前に感じなかった感情が、湧き上がってくる。

こうしたことは、自分の身体と心を把握していないと分からないですよね。日常から自分の身体感覚や内観を深めていないと、それが自分のものなのか、相手のものなのか、分かりにくくなってしまいます。もちろん、自分に関係のないことなんて起こらないという面もあるのですが、自分の問題をクライアントさんに投影し過ぎたら、起きる癒しも起きません。

「これは相手のものだ」「これは私のものだ」と見分けることができるということは、相手に共感しつつ、同時に俯瞰もしているということです。相手のこともしっかりみえているし、自分のこともみえている。ここがとっても重要になります。でもこういう感覚も、個々のプロセスを経て身に付くものなのだと思います。

上がるエネルギーと下がるエネルギー

ヒロミ「愛子さん、質問！私は愛子さんのエンパシーのセッションを受けている時、私自身も様々なヴィジョンがみえることがあります。

最近では、自分の中から大きな蛇、しかもただの蛇ではなくて怒れる大蛇が、私の身体の中からズルーッと抜けていくヴィジョンがみえました。そこからすごくダルい日々が続いていて。いわゆる〝好転反応〟だと思うのですが、この好転反応って、一体何なのか知りたいです」

良い質問をありがとうございます。この好転反応に関してもセラピストさんそれぞれ個々に捉え方があると思いますが、私の経験からお答えしますね。

《 レッスン 》

エネルギーには、上がるエネルギーと下がるエネルギーがあります。

セラピストは施術をして、クライアントさんの下がってしまっているエネルギーを上げていくことが目的のひとつなのですが、この上がっていく時に色々と起きるのが好転反応です。

私がエンパシーアロママッサージを行うようになっていくこととも繋がっているのですが、身体、心、魂はそれぞれエネルギーが違うと感じています。身体には身体のエネルギーが、心には心のエネルギーが、魂には魂のエネルギーがあります。それが一つの人体という器の中に入っています。

みなさんも経験があると思うのですが、サロンで様々な施術を受けてその時は随分と身体がラクになっても、しばらくすると元通り…なんてことがあると思います。私もセラピストに成り立ての頃、サロンでクライアントさんに接していて、その時はすごく身体がラクになられたのに、次にいらした時はまた同じ部位がつらいという状態になってしまうことがよくありました。

このことがきっかけとなって、私はクライアントさんの心、感情を癒すことに重点を起きはじめます。

そしてこれは後で分かることですが、施術後は身体のエネルギーは確かに上がります。けれど心と魂のエネルギーを同等に上げることができていないので、身体のエネルギーが心と魂のエネルギーに引っ張られ、また元に戻ってしまうことが起きるのです。

心、感情のエネルギーにも同じことが言えます。誰かに怒りや悲しみを聞いてもらうとその時はスッキリしますが、後で思い出してまた同じ感情が湧いてきてイライラしたり、同じような出来事が起きることはよくあると思います。これも心、感情のエネルギーは上がっても、身体と魂のエネルギーが置き去りになっているので、元に戻ってしまうのです。

そこで私が辿りついたのが魂のエネルギーでした。この魂のエネルギーには、過去生から引き継いだ課題や、なぜか繰り返し起きる痛みや感情パターンの原因となるものが眠っています。無意識の領域である潜在意識のエネルギーもここにあります。

この魂の部分からの癒しが起きると、一気にエネルギーが上昇します。高く上がった魂のエネルギーは、簡単には元には戻りません。〝気づき〟が起きた時をイメージすると分かりやすいと思います。一度気づいたら、もう元の思考に戻ることはありませんよね。

《 レッスン 》

そして、魂のエネルギーが上がった場所まで身体と心も向おうとしますが、この上がっていく時に、眠気、ダルさ、頭痛、悪夢をみるなど身体と心の浄化が起きるのです。新しい感覚（場所、次元）に馴染むまでしばらく慣れなくて違和感がありますが、エネルギーが定着してくると、スッキリ、清々しい感覚になっていきます。なぜなら、魂から真に望んでいたことだからです。これが好転反応だと私は感じています。

クライアントさんによっても違うのでなんとも言えませんが、大体、倍かかることが多いかな…。例えば三ヶ月間、鬱っぽい状態が続いていたとしたら、エネルギーが徐々に上に向っていくまでにはその倍の六ヶ月間かかると私は感じています。

その間に不安や恐れが出てきて当然ですし、自分をジャッジしてしまうこともあると思います。そんな時はネガティブになっている自分を受け入れて、ゆるし、不安や恐れを解放していくことも必要になります。

そしてここで勘違いして欲しくないのが、魂のエネルギーだけ癒せばOKということではないってことです。

私たちは肉体を持ってこの地球に生きているので、好転反応が身体と心に起こります。な

ので、身体と心のケアも同じくらい大切になります。身体と心のエネルギーを上げることが、魂のエネルギーを上げる助けになります。というか、身体と心のケアをないがしろにしていたら、魂の部分の癒しには中々到達することができません。

ヒロミ「なるほど……ありがとうございます。できればすぐに簡単に癒されたいですが、癒しの道は深いですね。私がみた大蛇のヴィジョンは、かなり大きなものが抜けた感覚があるので、好転反応も大きく期間も長いと理解できました」

そうですね。大きな癒しが起きた証でもあるので、自分を信じて過ごしてください。少しでもその期間を短くするには、とにかくヒーリングのワークが大きな助けになります。内観して自分自身と共感しワンネスしていく感覚を高めることで、自分を信じる気持ちも強くなっていきます。

ではここで、まずは自分の身体と心の状態を感じていくことができるヒーリングワークを行っていきましょう。

身体と心と繋がるヒーリングワーク

それでは、ここからは自分自身の身体を感じてもらいます。

では、まず目を閉じてください。
そして、呼吸を感じていきます。
鼻から吸って、口から吐いて…。

呼吸を繰り返しながら、宇宙のエネルギーを吸って、自身の中から様々なネガティブなエネルギーを宇宙に還して…というイメージを持ってください。

しばらく繰り返したら身体の内側を感じていきます。

身体の内側で、どこか反応している部分はありますか？ 違和感がある、ピリピリする、痛みがある…。大きく声を上げてくれている身体の部位をみつけてください。

そして、その部位を身体から切り離して、自分自身の目の前に置いてみるイメージを持ってください。

その部位は腰でしょうか？ 背中でしょうか？ 首でしょうか？ どの部位でもオッケーで

す。そして、自身が置いた部位のヒーリングを行っていきます。

再度、呼吸に意識を向けてください。

鼻から宇宙のエネルギーを吸って、身体の中の様々なエネルギーを宇宙に還して…という循環を繰り返します。自分自身を宇宙のエネルギーで満たしていきます。

そして、そのエネルギーの状態を保ったまま、自分の方法、やり方でよいので、先程の切り離した部位の痛みや違和感がなくなるまで、癒しのイメージを送っていきます。

例えば、冷えていると感じたら、そこがあたたかく感じるまであたためてあげてください。汚れていると感じたら、美しい色になるまで癒しのイメージを送ってください。色や音、手をあてるイメージ…。どんな方法でもオッケーです。自分のペースでよいので、しばらく続けてください。

「もう十分だ」と感じたら、その部位を元あった身体の場所に戻してください。

それでは続いて、心、感情をみていきます。

また、呼吸に意識を向けていきましょう。鼻から宇宙のエネルギーを吸って、自身の中の様々なエネルギーを口から吐いて宇宙に還す。この呼吸を繰り返します。

しばらく続けていると、頭の先から足の指先、胸の奥から手の指先まで、宇宙のエネルギーで満たされていきます。

そして今、自分の中で感じる、癒して欲しい心の声をみつけていきます。

例えば「疲れた」「イライラする」「焦っている」「もう消えてしまいたい！」など、自分に素直になって、大きく声を上げてくれてい

《 レッスン 》

る感情に気がついてあげてください。

また、先程と同じく自分の目の前に、その感情を置くイメージを持ちます。この時、感情をジャッジすることなく感じ続けてください。その感情を十分に感じたと思ったら、また呼吸に意識を戻して、宇宙の愛のエネルギーを感じていきます。

宇宙の愛のエネルギーはどんな色で、どんな音でしょうか?そして今、感じている宇宙の愛のエネルギーで先程の感情を包んであげてください。

この時「今はまだ包み込みたくない」「包み込むことができない」と感じるようでしたら、それでも大丈夫。いつか必ず、包むことができるようになるので安心してください。

その感情を宇宙のエネルギーで包み込んだら、自分の内側に戻していきます。そして心がより満たされていくエネルギーとなってくれるよう、自分の身体に馴染ませていきます。

最後にハートに手を置いていきます。そして、先程癒した身体の部位と感情を感じていき、それらが馴染んだ新たな自分自身を感じていきます。

感じられたら、ヒーリングを終わりにしていきましょう。

では、足の裏を感じてグランディングをしていきましょう。意識を目の裏側に戻していくイメージを持っていき、ご自分のペースで目を開けてください。

※本書のすべてのヒーリングワークの音声データのリンク先が巻末にあります。ぜひ行ってみてください。

ヒーリングワークの後のシェア会

おかえりなさい！

どんな感覚があったか、感想を聞いていきましょう。ヒロミさん、どうでしたか？

ヒロミ「身体の痛みを感じるワークの時は、手がピリピリしてきて、お腹に違和感を感じました。切り離してヒーリングをしていくと、〝空《くう》〟という言葉が浮かんできました。そして、重たいエネルギーが身体に流れ込んできました」

《 レッスン 》

そのエネルギーは、心地よかったですか？　それとも悪かった？

ヒロミ「初めは悪かったけど、どんどんフワッと軽くなってきて、最後は心地よくなりました」

身体が重たく感じて、軽くなっていくって、とても良い感覚なんです。身体をしっかりと感じることで重みを感じて、それが馴染んで軽くなっていく感覚になったのだと思いますよ。こんなふうに自分の身体を感じられるようになることはとても大切です。

セイコさんはどうでしたか？

セイコ「身体がかゆくなって、みぞおち辺りが固いと感じました。吐き出したいけど吐き出せない何かしらの感情を感じて、結局、抜け出したいけど抜け出せませんでした…」

分かりました。
では今、その感情を言葉にしていきましょう。

ネガティブな感情を持っていてはいけない、ネガティブな感情をみたくない！という思いが強いと、セイコさんのような状態になることは多いです。生々しい感情にフタをして、表面上は平和や愛でいようとする…。誰にでもあることですし、私にもあります。でも、今出してしまって、みぞおち辺りの固さと感情を一致させていった方がいいです。感情を出してみぞおちをやわらかくして、感情の通りをよくしていく必要があると思います。

セイコ「……。再度感じてみたら、〝お前はバカだ！〟という声が聞こえてきました。何度も何度も聞こえてきます。…泣けてきました」

その声は、誰の声だと思いますか？つらいと思いますが、今、「お前はバカだ！」という声で感じる感情と、みぞおちの固さを一致させていってみてください。その内に、スッキリ感が出てくるはずです。

ちなみにヒーリングのワーク中に感じたり、みえたりした〝色〟はありますか？

セイコ「黄色のイメージがみえました」

《 レッスン 》

その色が癒しのプロセスの助けになると思うので、黄色の何かを身につけたり、就寝時に自分にかけて寝たり、しばらく黄色と共に過ごしてみてくださいね。

では、ヒロコさんとマリコさんはいかがでしたか?

ヒロコ「私は腰に痛みを感じました。左足の付け根もです。感情のヒーリングの時は〝焦り〟を感じました。どちらの時も愛で包み込んであげられる感覚にはならなかったので、光をあててみました。そうしたら、痛みも焦りもとけていって、私のハートが宇宙のエネルギーを吸ったり吐いたりしている感覚がやってきました」

マリコ「左の腰の辺りが痛くて、やはり腎臓だなと感じました。なので腰を切り離して、自分の前に出したら居心地が悪くて、横になりたくなりました。感情のヒーリングの際は〝不安〟を大きく感じました。呼吸を続けていたら段々心地よくなってきて、少し寝ていました」

二人とも身体と感情をよく感じられていると思います。しばらく毎日続けてみてください。

ヒロミ「愛子さん、先程は言わなかったんですが…。このヒーリングのワークをしてみて、やはり私はお客様に〝共感〟することがこわいんだなと改めて感じました。「お客様に施術を行うから自分の身がボロボロになるんだ!」と怒りを抱えている私の姿がみえたんです。セラピストの仕事が好きなのに、一方でとてもこわがっている状態なんだとよく分かりました」

ヒロミさん、正直にシェアしてくださって本当にありがとうございます。ヒロミさんの気持ち、私もよく分かりますよ。以前はそう思うこともよくありましたから。先程も言いましたが、なんで「もらってしまう」という受け身の状態になってしまうのか、やはりそこをみていくといいと思います。女性性と男性性のエネルギーも深く関わっていると感じます。

そして、これから自分でみつけていくことだとも思うのですが、〝慈愛〟や〝自愛〟という感覚も施術中に感じていけるようになるといいですね。

私もこれまでに大いに悩み、疑問を感じ、ここまでやってきました。クライアントさんからもらってしまうと思ってこわかった時期もあったし、低級霊が寄ってくるからお墓の近くに行けない…なんて様々な場所を恐れていた時期もありました。

《 レッスン 》

けれどある時から、〝色々な生き様があって、それはすべて愛なんだ〟と思えるようになっていきました。クライアントさんたちから教えてもらえたことも大きいです。

生きていたら、みんな色々ありますよね。私たちは完璧に生きるために生まれたのではなくて、成長するために生まれているのだと考えたら、自分に起きる様々な出来事も優しい気持ちでみることができる視点も生まれる。他者への慈愛、自分への自愛…。

私はふと、〝色々な人生や生き方があって、そのすべての過程に感謝したい〟なんて感じる瞬間がやってくることがあるんです。海に行ったり、大自然の中でリラックスしている時なんかに起こりやすいかもしれません。まさに、ワンネスの感覚ですね。常にこの感覚を持つことは難しいけれど、この感覚を忘れないようにしたいなと思っています。この話が何かの助けになればいいなと思いしてみました。

では、特別授業のレッスン1はひとまずここで終わりにします。次のレッスンではアロマとエンパシーする方法や男性性と女性性のことなども学んでいきますよ。お楽しみに！

《解説》

願望達成のプロセス

読者のみなさま、いかがでしたか？

4名の生徒さんの話に、何かしらの共感の感覚が起きた方もいたのではないでしょうか？

次のレッスン2に入る前に、ここでレッスン1の解説を入れさせていただきますね。

まず、私のことをもう少し紹介させてください。

私は20代までは営業事務をしていました。けれど2人の娘が小さい頃に離婚を経験し、経済的にも一人で子育てをすることになりました。そこで「手に職をつけよう！」と覚悟を決め、30代でセラピストの世界に飛び込みました。なぜセラピストだったのかというと、なぜかエステティシャンやセラピストに憧れがあったからです。内側は即決だった記憶があります。
当時は福岡に住んでいたので、アロマトリートメントを行うある先生に弟子入りをして、

5年以上学びました。とても厳しい先生だったので大変でしたが、徹底的に技術を学ぶことができました。

そして神奈川県に引っ越し、母との同居を経て近くで暮らすことにしました。そこでアロマと整体を融合させた整体院を見つけ、働きながらアロマの資格を取得しました。後にその整体院で店長を経て自分のサロンを開業します。ちょうどこの頃、身体をどんなに癒しても元に戻ってしまうという事例を多く経験して、アロマはもちろんバッチフラワーレメディやインナーチャイルドなど、身体と同時に心も癒すアプローチの学びや実践も取り入れていきます。

その後、セラピストとしてもっとバージョンアップしたくなり、カリフォルニアのエサレン研究所に渡米します。娘たちはまだ中学生だったのでとても悩んだし、周囲の反対もありました。けれど母や妹たちの協力を借りながら、エサレンマッサージを修得することができました。この頃には既に、共感＝エンパシーの力に気づいていたので、魂のエネルギーを癒していくことの大切さにどんどん目覚めていきます。

こうして書きながら思い返しても、お金も育児に使う時間も、本当にいつもカツカツでした（笑）。でも、子どものためにも、自分のためにも、「やるっきゃない！」という状態だったので、仕事も育児もその時できるマックスで頑張れたのだと思います。

セラピストって、すごい職業だと思います。身体のことも、心のことも、セラピスト自身が自分を癒せば癒すほど、クライアントさんの層が広がっていきますよね。誰かの真似をしてもサロンにクライアントさんはつかないし、個を立てていかないとサロンを維持することができません。他者を癒しながら、徹底的に自分と現実と向き合う必要がある職業です。

「はじめに」にも少し書きましたが、私はスピリチュアルなことに抵抗がある時期がありました。というのも、父親がある宗教にはまり、大変だった子ども時代を経験しているからです。あの時の父親をみて、誰かに自分の軸を委ねてしまう恐ろしさを目の当たりにしました。

セラピストになってからというもの、瞑想のワークや内観する講座に出ると、出てくる課題は父性や男性性のことばかり。これでもか！ってくらい、父とのことが出てきました。〝私が好きになる人は、私を捨てて出ていってしまう〟という大きな恐れがあることに気づいたり、怒りや悲しみもたくさんありました。

スピリチュアルに関しても、そもそも抵抗があるのにセラピストという職業を選んでいたり、癒しを深めていけばいくほど、魂からの癒しが大切なんだということを身をもって実感していくことにもなります。けれど誰かを妄信したり、スピリチュアルがすべて、みたいなことにはならなかったですね。今思えばですが子どもの頃の経験があったおかげで、〝現実〟

をないがしろにして誰かに軸を明け渡してしまうことが〝スピリチュアル〟なことではない、という確固たる自分の中の真実みたいなものができていたのかな…とも思います。

コロナ禍以前はシンガポールに次女を連れて行き、サロンワークをしていた時期もあります。海外で通用するか挑戦してみたかったんです。

雇われて行くはずだったのですが、直前でその話がなしになり、結果、自分で起業する流れになりました。この時、〝願望達成のプロセス〟のイメージがフッとやってきました。本当にこの通りだと思うので、みなさんにも紹介します。せっかくなので、一緒にイメージしてみてくださいね。

まず、願望を設定します。私の場合、この時は「シンガポールで自己実現したい」というものでした。この願望が宇宙に承認されると、願望に光があたりはじめます。光があたると、何が起きると思いますか？　そう、同時に影ができるんです。

願望が成就されるために、この影（闇）の部分の浄化が起こりはじめます。私の場合は、シンガポールに行く話が決まっていたのに、なしになってしまうわけです。そこで、私は自

分の力で行く方法を模索しはじめるわけです。ちゃんと経営できるか、子どもたちを犠牲にしていないか、養っていけるか、本当に行きたいのか…?
そして影、闇、潜在意識の恐れがクリアになり、シンガポールで開業できる流れになりました。

しかし！シンガポールに着いてすぐに、レッスン1のヒロミさんのように手がグローブみたいに腫れ上がってしまう事件が起きます。
施術ができないので、とてもとても焦りました。家賃どうする？食費どうする？現実的な問題がのしかかります。そしてその時に出た答えは、遠隔のセッションやヒーリングワークを本格的にスタートさせよう！でした。なぜ手が腫れてしまったのかというと、長年の施術で手を酷使していたからです。この〝手を休ませる〟という選択をすること、とても恐かったです。〝休む〟という選択をし慣れていない人にとって、これも大きなチャレンジのひとつです。

結果、この時の遠隔セッションの経験がコロナ禍や日本帰国後にもとても活きるわけです。手もしっかり治り、そこからはさらに手を大切にしながら施術を行う意識にシフトしていき、シンガポールでも様々な経験を積むことができました。自分の思い描く道順とは違ったけれど、遠回りなようで、しっかり願望成就できています。

この願望達成のプロセスですが、私の大きな願望は「自分を生きる」なのだと思います。それを設定していたから離婚があったり、セラピストになったり…という様々な光と影のプロセスを体験しているのだと感じています。だから〝良いことしか起きない〟というような内容のスピリチュアルワークには、私は疑問を感じます。光がさせば、影ができることは自然の摂理だからです。

なぜこの話をしたかというと、エンパシーアロママッサージは身体、心、魂の3つを癒すセラピーです。人間の全部です。取り組めば光もさすし、影もみえてきます。つまり、とても強力に人生が変容していくということです。その準備ができた方々が本書に共感し、手にとられているのだと予感しています。

身体のエネルギーは地球を生きるエネルギー

では本題！　エンパシーの種類をもう少し詳しく解説しますね。

①ボディ触覚派です。これは、クライアントさんに触れたり身体のエネルギーを感じたりすると、自分の身体が反応するという共感の方法です。クライアントさんの肩が凝っていたら自分の肩に違和感を感じるとか、お腹が鳴る、喉が詰まる…なんていうのもボディ触覚派です。レッスン中にも言いましたが、この感覚を既に施術中に感じたことがある方は多いと思います。

②ボディ視覚派。これはクライアントさんの不調箇所に手が向うとか、直観で分かるとか、そういう感覚です。実はこの感覚も、既に体験している方が多いのではないでしょうか？

まだ感じたことがないという方は、まずレッスン中のヒーリングワーク（61ページ）を行い、自分の身体をイメージの中で実感していく体験を積むと良いと思います。もちろん、実際にセルフトリートメントをすることも大事。でもなぜか自分の身体を大切に扱えないって人、実は多いんです。良いことだって分かっているけどセルフトリートメントをやる気にならなかったり、暴飲暴食をやめられない…とか。そういう場合は、ヒーリングワークで自分の身体との繋がりをまずは取り戻してみてください。身体のエネルギーが実際の肉体から離れてしまっている可能性があるので、身体の中にエネルギーを戻してあげるイメージです。

身体は私たちが現実世界で生きる大切な器です。今は身体感覚を感じなくてすむような時代になっているので、自分の皮膚感とか、身体の重さとか、足の形とか、感覚が希薄な方が増えていると思います。けれど、身体感覚が希薄な状態は、生きている実感が乏しいとも言えます。身体って、本当に本当に本当に大切！

この①と②の共感が行えるようになると、より深く身体を癒すことができます。かゆい所に手が届くセラピストになれますね。また、クライアントさんの身体に触れることで、自分の身体も感じるので、身体感覚も強化されます。

レッスン中にもお伝えしましたが、私は身体、心、魂はそれぞれエネルギーが違うと感じています。身体のエネルギーは、この地球を生きるエネルギーそのもの。まずはこれを実感することが、癒しの道のスタートラインです。

それで、どんな順番でどんなタッチで施術を行えばよいか？ですが、それは各々のセラピースタイルにお任せします。アロマトリートメントでも、ロミロミでも、整体でも、リフレクソロジーでも、エネルギーワークでも、身体に関わることであればエンパシーは起きます。

よく生徒さんから、「愛子さんはいつからこの感覚に目覚めたんですか？」と聞かれることがありますが、神奈川に戻ってきて、整体院で働きながら徐々に気づいていきました。この前後でエンパシーにまつわる本にも出会い、3つのエネルギーの癒しの必要性を確信していった感じです。

でも今思えば、福岡でアロマトリートメントの修行をしていた頃から、エンパシーは起きていたのだと思います。クライアントさんの身体に触れると、施術の手順が頭の中から消え去って真っ白になる…なんてことがよく起きていました。その頃は共感なんて知らなかったし、起きていても使いこなせていなかったんでしょうね。単純に、「私は施術が下手だ…」と思って、猛練習するきっかけになっていました。

世界に彩りをもたらす感情エネルギー

次は心、感情と共感する方法です。

③ハート触覚派は①のボディ触覚派と同じで、クライアントさんの心を自分の心で感じる感覚です。カウンセリングを行う時点でも起きることがあると思いますが、これも3秒以内にフッと湧き上がるものだと思ってください。

③は、クライアントさんの心の状態や、怒り、悲しみ、喜び、恐れなどの感情を自身を通じて感じます。なぜか涙が出るとか、不安や緊張を感じるとかもそうです。クライアントさんが「全然大丈夫です」と笑顔で話していても、それとは逆の感情を感じるとか。講座やワークショップなどで誰かのシェアを聞いて心が動く時なんかは、強力な共感が起きている証拠で、双方に癒しが生じている時だと思います。

このハート触覚派なんかは、セラピストでなくても繊細な気質の方や、いわゆる空気を読むのが得意な方、それを強いられてきた方、感情エネルギーが暴走してしまっている方なんかも感じやすいんじゃないかと思います。

こういう時は一概には言えませんが、自分の感情エネルギーがブワーッと必要以上に広がり過ぎてしまっていて、無作為に誰かの心のエネルギーをキャッチしていたり、自分と他者の感情エネルギーに区別がつかなくなっている可能性があります。もしかしたら共感とはちょっと違う感覚なのかもしれませんね。私もこういう時期がありましたが、とても疲弊します。

逆に今、自分がどんな感情を感じているか分からないという人も多いと思います。こういう場合は心を感じることにフタをして、自分のことも相手のことも感じないようにして、傷つかないように無意識の防衛をしている状態だとも言えます。けれどその内、抑圧された感情エネルギーが身体を傷つけることになっていきます。

感情を感じ過ぎる場合も、感じないようにしてきた場合も、やはりヒーリングワークをおすすめします。まずは自分の感情をしっかり感じて、心の状態に向き合うこと。自分の感情エネルギーが分かるようになれば、他者のエネルギーを必要がない時にキャッチしなくてすむようになっていくし、自分や他者の感情を過剰に恐れる必要もなくなっていきます。

喜びも悲しみも、怒りも恐れも、どんなに感じてもなくなることはありません。エネルギーだからです。生きている限り何らかの感情を感じて、私たちは生きていきます。感情エネルギーは、生きる世界に豊かな色彩をもたらしてくれます。

だからクライアントさんの心に共感できるようになると、自分の心も、感じる世界も二倍豊かになっていきます。

宇宙と繋がり魂エネルギーを癒す

④ハート視覚派はクライアントさんの心の状態や感情が直観的に分かるだけでなく、様々なヴィジョンや言葉などがみえたり感じたりする感覚です。そしてこの感覚がエンパシーの肝です。

私の場合は自分自身とクライアントさんに、身体と心の共感ができるようになっていってから、この④ハート視覚派が磨かれていった感覚があります。けれどプロセスは人それぞれなので、順番は気にしすぎないでくださいね。

この④ハート視覚派が、魂のエネルギーを癒す助けになります。私の場合はクライアントさんの過去生の断片がみえたり、無意識の領域である潜在意識に眠る課題、生き方のクセを癒すための何らかのヒントやメッセージがやってくることが多いです。

魂のエネルギーの領域にはなぜか繰り返し起きる生きづらさの原因とか、今生で取り組むべき使命など、とてもとても大切なものが眠っています。身体、心とは明らかに違うエネルギーです。この共感が起きるようになってから、人は過去生から引き継いできた解消すべき課題や、潜在意識にある課題をクリアにすることが、地球に生まれ変わる理由のひとつだなと実感するようになりました。

そしてこの魂へのエンパシーが起きている時は、大いなる宇宙、大いなる存在、高次元（呼び方は何でもＯＫですが）とも共感できている時です。宇宙がサポートしてくれているおかげで、メッセージやヴィジョンがみえたりすると思ってください。

この領域としっかり太く共感できるようになると、レッスンの中でヒロミさんが言っていた「セラピストは相手のものをもらってしまう」ということは段々起こりにくくなっていくと感じています。自分一人で共感しているのではなく、宇宙と共に共感しているからです。ちなみにこの感覚と繋がりやすくなるために、私は日本発祥のエネルギー療法であるレイキを自分自身にかけてから施術を行うようにもしています。もちろん絶対必要なことではないですし、レイキでなくても、それぞれが行っている手法があればそれで問題ありません。

この宇宙と共感する才能は、日本人では5人に1人くらいの割合で持っていると言われています。けれど、持っていなくても開いていけるものだと私は感じています。しかし、その質や感度を高めるためには、自分とワンネスする感覚や自愛、他者への慈愛の感覚がとても大切になってきます。レッスン2以降からは自分とワンネスし、宇宙と繋がり、魂のエネルギーを癒していくためのヒーリングワークをたくさん紹介していきますね。また、⑤ハート聴覚派についてはレッスン3で詳しく解説しますので楽しみにしていてください。

チャネリングとエンパシーの違いは？

共感＝エンパシーの話をした時にある生徒さんから、「チャネリングとエンパシーって、何がどう違うんですか？」と質問を受けたことがあります。

これも私の解釈になりますが、チャネリングは〝個〟を可能なまで消し去り、大いなる宇宙と繋がる感覚があります。〝山本愛子〟という〝個〟を無にして、メッセージを受信する入れ物になるイメージです。クライアントさんへの共感は一切なく、〝私〟と〝あなた〟を完全に区別してメッセージをお伝えする感じです。

一方、共感＝エンパシーは、〝個〟を立てながら、山本愛子としてクライアントさんと共感し、山本愛子として宇宙と共感して、癒しを起こすイメージです。〝私〟〝あなた〟〝宇宙〟で輪になるような感覚でしょうか。なので、クライアントさんを癒せば癒す程、セラピストも共に癒されていきます。

チャネリングもエンパシーも、魂の成長のためという目的は同じです。私はチャネリングを行う時もありますが、共感＝エンパシーする感覚がとても好きです。長いセラピスト人生の中で自分も含めてですが、人は誰かに分かってもらえたり、向き合ってもらえたり、一人じゃないんだっていう〝ワンネス〟の感覚を感じることができた時に、大きな癒しが起きると確信しているからです。

Point

◉共感＝エンパシーの種類は?

①ボディ触覚派＝自分の身体で相手の身体を感じる
②ボディ視覚派＝直観で相手の身体の状態が分かる
③ハート触覚派＝自分の心で相手の感情を感じる
④ハート視覚派＝直観で相手の感情が分かる、宇宙と共感し必要なメッセージやヴィジョンがみえたりする

◉共感力を高めるためには?

まずは自分とワンネスすることが大切。自分の身体エネルギー、心のエネルギーと共感する「身体と心と繋がるヒーリングワーク」を行ってみよう!

◉エンパシーを行う時は…

エンパシーを用いたセッションを行う際は、大いなる宇宙と繋がる感覚を持ち行うこと。宇宙からのサポートやメッセージが魂の領域を癒す大きな鍵となる

◉「願望達成のプロセス」を体感してみよう

あなたの今の願望は?

Column
過去生Talk❶

セラピストに多い過去生は？

過去生もそれぞれに様々な解釈や捉え方があると思います。このコラムでは私が共感してみえた、私自身の過去生をいくつか紹介していきたいと思います。

私の中で、過去生は「あなたの過去生は○○です」というような誰か一人に断定した感覚はありません。たくさんの過去生の魂のエッセンスが集まり、今の私を形作っている感覚です。娼婦だったこともあるし、靴屋だったこともあるし、男性だったことも女性だったことも、日本だけでなく様々な国に住んでいた多くの過去生があります。その中で、今生の私に深く影響を与えていると感じるのは、修道女だった過去生です。実はセラピストになる方、この過去生を持つ方がとても多いんですよ。

修道女は神に仕える存在です。大いなる存在の近くにいる立場。場所によっては、植物を使った療法を提供していた修道院もありますね。だから、修道女の過去生を持つ方は、スピリチュアルなことや植物療法、ヒーリングなんかをすんなり受け入れられる方は多いです。けれど“お金を得る”ことと、“男性との関係”に課題を抱える方が多いのも事実です（私も）！「お金も人生も神に捧げる」という固まった思考を、今生でどう突破するか…。これが大きな課題だったりするのです。

Lesson 2

精油とエンパシーする方法

《レッスン》

鳥肌は大切なキーポイント

では、これから特別授業レッスン2をはじめます。レッスン2ではエンパシーの感覚をさらに深め、実際に使っていけるような経験を積んでいきたいと思います。

けれどその前に、レッスン1でお伝えし忘れたエンパシーを感じる際のコツ、感覚のアドバイスをいくつか紹介しますね。

レッスン1では、3秒数える間にフッとやってくる感覚は〝共感＝エンパシー〟の可能性が高いとお伝えしました。この感覚以外にも、〝鳥肌が立つ〟という現象なども、エンパシーが起きている分かりやすい感覚かと思います。

みなさんも友人と話している時、サロンでクライアントさんと話している時、シェアを聞いている時など、なぜかいきなり鳥肌が立つ経験をしたことがあるのではないでしょうか？

鳥肌だけでなく耳鳴りもそうですが、こういう身体の内側から上がってくる反応は、正真正銘の共感や共鳴だと思って大丈夫です。というか、自分の思考を超えた部分が何かをキャッチしてくれているので、癒しのための大切なキーポイントであることが多いです。涙が出るのもそうですね。

私は鳥肌が立った時は、お互いに〝大事なポイント〟であることを共有するためにも、クライアントさんに「今、鳥肌が立ちました」と必ずお伝えするようにしています。

また、クライアントさんと話をしていて自分の喉が詰まったような感覚がやってくる時は、クライアントさんの喉が声を上げてくれている可能性が高いです。こんな時はまずは自分の喉に手をあててみてください。

喉は声や言葉を発する部位でもあるので、コミュニケーションにまつわる課題を抱えていることが多くあります。また、喉はチャクラでいうと第5チャクラで〝魂の青写真〟がある場所。魂の青写真とは今生で解消すべき課題とか、使命などの未来予想図のことです。自分の喉に手をあてることでさらに共感が起きて、クライアントさんの魂の青写真にまつわる話が飛び出てくることもあります。

さらに、エンパシーの経験を重ねていくと、共感が起きやすい相手とそうでない相手がいることも感じていくと思います。

これはセラピスト自身のハートのオープン度合いももちろん関係していますが、クライアントさんのオープンさも関係しています。これは見た目の印象だけでは分からないです。オープンそうにみえて内側は真逆なんてこともあり得ます。

みなさんも経験があるかと思いますが、社会でがむしゃらに頑張っている時はハートをフルオープンにする余裕なんてなかなか持てませんよね。社会人になってからだけではなく、幼少期や思春期にだって、環境によってはハートをオープンにしていたら生きていけなかった状況だってあると思います。ハートがオープンだから良いとか、閉じているから悪いとか、そういうジャッジは無意味です。

けれどせっかくサロンに来ていただいたなら、少しでも心身共にゆるんで帰っていって欲しいですよね！

相手に繋がれない感覚を感じた時は、〝トリートメント〟や〝アロマ〟というセラピストの最強の武器の出番です。

身体からゆるめていくと、不思議なことに必ず共感が起きる瞬間がやってきます。この時に大切なことは、共感が起きるまで焦らずにじっくり待つこと。よく癒しは、玉ねぎの皮剥きで例えられることがありますよね。白い芯の部分に真理が眠っているので、周りのたくさんの茶色い皮や固い白い部分を剥いていく必要があります。

私はこの〝待つ〟という行為がとても苦手だったので、日々の施術がよい訓練になりました。そしてこの待つ訓練によって、クライアントさんに伝える〝タイミング〟も分かるようになっていきました。

〝待つ〟ことによって、自分の呼吸も相手の呼吸も感じることができるようになっていきます。共感が起きづらいということは、それだけ重たい荷物を背負って頑張って生きてきたクライアントさんでもあるということ。エンパシーで何か感じたからといってすぐにお伝えしたら、また固まってしまう可能性もあります。呼吸を感じて、ゆるめて…を繰り返していく内に「今だ！」という、相手に響きやすいタイミングが必ずやって来るので、その瞬間を逃さずに伝えるようにしています。そうすると、相手にスコーンと入ります。

エンパシーで何か感じたら、自分の中に残ったままにしておかないことも大切です。自分の中に残ったままにすると、それは蓄積されていきます。もし伝えるタイミングが掴めなかった時は、きりが良い時に「何かお話しされたいことはありますか？私は、〇〇〇（共感で感じたことをお伝えする）と感じたんですけど」などと、クライアントさんの様子をみながら、言葉を選んで切り出してみてください。残ったままにすると、クライアントさん側はもちろん、セラピスト側にも癒しは起きません。

この〝待つ〟や〝タイミングを掴む〟〝伝え方〟なども、経験を積むことで感覚が分かるようになっていくと思うので、安心してくださいね。

エネルギーが重たくなり過ぎると？

ではでは、これまでの話を聞いて、何か感じたことがある方はシェアをお願いします。

セイコ「私、まだまだ修行が足りないと思いました。お客様が心を開いていないと感じると、

〝この人、心を開いてないから無理かも〟と思って、そのままにしちゃうことが多かったです」

セイコさん、とても正直なシェアをありがとうございます！

また少し厳しい意見になってしまいますが、私たちは施術を提供するセラピストです。クライアントさんが心を開いていないからといって表面的な施術だけを行っていたら、何も上達していかないと思うんです。ギリギリまで何ができるか、何が最善かを考えて工夫していくことが、自分のセラピースタイルを創り上げていきます。

あとね、相手が癒されるとやっぱり自分にも良いエネルギーが還ってきます。クライアントさんが笑顔になるだけでも、それは起こります。そしてこの良いエネルギーの循環が、とてつもなく大きなエネルギーに繋がっていきます。

ヒロミ「私はレッスン1の後、なぜか手の腫れが再発してしまったんです。なので、思いきってサロンをしばらくお休みしてみました。そして再開してすぐのお客様に、〝今までの施術の中で一番良かった〟と言ってもらえたんです！自分の実感としてもエネルギーがすごく安定した感覚があったので、休むのは不安でしたが、休んでみてよかったです」

ヒロミさん、ありがとうございます。

今、ヒロミさんが話してくださっている時に、私は後頭部と子宮に手をあてたくなりました。そして、すごく良いエネルギーを感じました。

良いエネルギーの波に乗るためには、軽くなる必要があります。自分のために自愛をもってサロンをお休みして、エネルギーが軽くなったんですね。そしてその良いエネルギーが、クライアントさんにも循環されたのですね。

マリコ「愛子さん、質問です。重たくなってしまったエネルギーはどうなっていくんですか？」

それはね、残念ながらどんどん重たくなっていき続けます。

例えば、どこかに頭をぶつけたとかでも、そこに自愛を向けてケアをしなかったら何かが残っていきます。そこに自分をないがしろにしている感とか、痛みとか、様々なエネルギーが付け足されてどんどん重くなっていっちゃいます。だから自分に目を向けてあげてセルフケアをする、休息をとるって本当に大切なことなんです。

こういう頭をぶつけたとかの例ならまだ些細なエネルギーだけど、積み重ねてきた重たいエネルギーはケアをしにくいです。

例えば小さな頃から親に否定され続けてきた、旦那さんが毎日暴言をぶつけてくる…などの場合、最初はきちんと心が反応できていたとしても、その内に無意識に感情を麻痺させて自分を守ろうとする反応が出てきます。けれど、ネガティブなエネルギーは蓄積されていきます。長期に渡って深く傷がついていっている場合は、とてもとても重たくなっているので、癒すまでにもかなり時間がかかります。エネルギーが重たくなり過ぎると、まとっているチャクラのオーラも破けてしまうし、自分では想像がつかないくらいボロボロになっていることもあるんです。

だけどそれを癒してその経験を活かしていくと、とてもとても大きなギフトにもなっていく。そのことも忘れないでくださいね。

エンパシーアロママッサージの手技手法

それではレッスン2ではまず、〝トリートメント〟についてみていきましょう。

前述の通り、エンパシーを用いたセラピーでは施術のスタイルを限定していません。私はエサレンマッサージや整体、アロマトリートメントなどこれまで学んできた手技をメインにしていますが、それぞれご自身が学ばれた手技手法で施術を行っていただきます。そこに、共感＝エンパシーの要素を入れていきます。

みなさんそれぞれにセラピストとしての経験値があるかと思います。長い方もいれば、身体に触れる施術をまだ行っていない方もいますね。これから行うレッスンでは、各パーツに触れた時に感じる感覚についてシェアをしていただきます。

ここでは「経験が浅いから…」と謙虚になって言葉を濁さずに、感じたことを正直に伝えてください。言葉を濁したり抑えるクセがついてしまうと、自分自身が何を感じているかよく分からなくなっていってしまいますよ！

第1チャクラのズレが猫背に繋がる

今回は背面と前面について行っていきたいと思います。

まずは〝背面〟から聞いていきます。

《 レッスン 》

背面は自身ではトリートメントができない部位なので、セラピストとして施術しがいのあるパーツですよね。背面、背中というパーツに関してクライアントさんのことでも、自分のことでも、家族のことでもいいです。何か感じることがあれば話してください。

まず、セイコさんいかがですか？

セイコ「〝背面、背中〟と言われてすぐに浮かんできたのは、私が施術を行うお客様は猫背な方がとても多いことです。そして私自身もすごい猫背！お客様をみていても、私のこととしても、〝猫背＝自分に自信がない〟っていうワードが浮かんできます」

ありがとうございます。
セイコさんは猫背になっている時、どんな感覚になりますか？私は内臓が圧迫され、呼吸が浅くなり、目線も下がる感覚になります。猫背になるとどんな感覚になるか、猫背になる時はどんな時なのか？自分を観察してみるとよいかもですね。
また、セイコさんの話を聞きながら〝褒める〟というワードが浮かんできました。今度から猫背のクライアントさんがいらしたら、まずは〝褒める〟ことからはじめてみるとよいかもです。褒められると、恥ずかしい気持ちになることもあるけどやっぱり嬉しいですよね。

セイコ「…褒めること、難しいと感じます。私自身は両親からけなされてきた記憶が多いし、これまでに褒められた経験があまりないように思います。相手を褒めることすら〝こんな私に褒められても相手は嬉しくないんじゃないか?〟なんて感じる自分もいたりして…」

相手を褒める、相手の良いところをみつけて言葉に出すことで、セイコさん自身の傷を癒していくことにも繋がると思います。相手の良いところをみつけようと思う姿勢が、セイコさん自身の世界の価値観を変えていってくれますよ。

セイコ「やってみます!あと今、会話をしながら〝先祖〟というワードが浮かびました」

今、鳥肌が立ちました。

ぜひ、お墓参りに行ってみてください。そう感じる時は、行ける距離ならばすぐにお墓参りに行った方がいいです。行けない距離や状況なら、今いる場所で先祖に手を合わせるだけでも十分です。何かを感じたら、アクションしていきましょう!

《レッスン》

そして実は、昨今のように社会情勢が悪い時は、先祖と繋がっていったほうがよいタイミングでもあります。これは大事な話なので、後で詳しく解説しますね。

ではマリコさん、セイコさんの話を聞いていかがですか？

マリコ「セイコさんの話を聞いていて、同じだなぁと。私も猫背だし、家族もほぼ猫背です。背中というワードを聞いて、丸まっている背中のイメージがパッと浮かびました」

実は猫背になっている時って、第1チャクラが本来あるべき位置からズレてしまっている可能性があるんです。マリコさんの話を聞きながら、そのヴィジョンがみえました。

もうみなさんご存知かとは思いますが、〝チャクラ〟はサンスクリット語で「車輪」を意味します。その姿は蓮の花や回転する輪で表現されることが多いです。チャクラはインドの哲学を基にした考え方で、人間の中を流れるエネルギーの出入り口。代表的なチャクラは体内には7つあり、身体の中心に均等に配分されています。さらに、頭頂から手を伸ばした部分に8チャクラが位置しています。古くからこのチャクラがバランス良く活性化していると、精神的、肉体的にも快適に生活できると考えられてきました。

第1チャクラは脊髄の基底部や尾骨にあると捉えられていて、身体エネルギーや心のエネルギーの基盤になる部分です。この部分がグラグラしていると、建物でいうと土台が脆くなっている状態。自分をうまく支えられないので、猫背にもなりやすいと考えられます。

また、先程のセイコさんの先祖の話とも関連してくると思うのですが、第1チャクラは先祖や家族のエネルギーが大きく関わっています。第1チャクラが安定していないと、生存に対する恐れ、集団から見捨てられる恐れなんかも感じやすくなります。

だから、セイコさんもマリコさんも、第1

《 レッスン 》

チャクラを整えていくワークを行っていくといいですよ。第1チャクラの色が赤なので赤い色のものを身につけるなどもよいですが、下のワークを行ってみるのもおすすめです。

第1チャクラの真理は〝すべてはひとつなり〟です。

第1チャクラが安定してくると、私たちの生命はすべて繋がっていて、自分のあらゆる選択、信念はすべての生命全体に影響を及ぼすという、まさにワンネスの感覚が掴みやすくなると思います。共感の感度や質も

第1チャクラをみつめるワーク

第1チャクラに下記の質問をしてみよう!

①家族からどんな信念のパターンを受け継ぎましたか?

例）女性は夫と子どもの世話をするべき、男性はお金を稼ぐのが当然、ご近所との調和を乱してはいけない、祖母の言うことは絶対…etc.

②その中で正しくないと分かっているのに、止められないものは何ですか?

③家族との間で未解決な問題について挙げてみてください。それを癒すことのできない理由も挙げてください。

④お金はどんな存在だと感じますか?

⑤このワークをしている時に、身体のどこにどんな反応がありましたか?

もちろん上がります。

ワークを行うと闇の部分がみえてくるし、何かが起きる可能性もあります。人生で起きる危機は〝自分が変わっていくのか、それともそこで停滞するのか〟という選択の時でもあります。必要だと感じたら、ぜひチャレンジしてみてください。

個々の翼をひらくエネルギー

では話を背面のトリートメントに戻しましょう。

ヒロコさん、お願いします。

ヒロコ「私は、背中は施術で一番はじめに触れる部位です。そして猛特訓をした部位でもあります。背中に触れると、私はその方が背負っている何かを感じます。ここをゆるめないと、先に進めない感じもあります」

まさに、そうですね。

私もそうだし、まずは背中から施術を行うセラピストさんは多いと思います。そしてクライアントさんにとっても、〝このセラピストのトリートメント当たりだな〟とすぐに分かる部位でもあります。自分がトリートメントを受ける時にも、ファーストタッチで上手いか下手かすぐに分かっちゃう部位ですよね。

触れ方やタッチで、安心して心身を委ねられるか決まります。安心するとハートもオープンになりやすくなる。ハートがオープンになると共感も起きやすくなる。だからヒロコさんのように、背中の施術の猛特訓は超大切！

ヒロミ「私はお腹の方が共感しやすいので、お腹をほぐしてから背中に入るほうがゆるめやすいと感じています。だけど背中のトリートメントって、自分が受けていても気持ちいいなぁ～って満たされた気持ちになるし、施術を受ける醍醐味を感じられる場所ですよね。セラピストに成り立ての頃は何としてでもほぐさなきゃ！と力みながら施術をしていたように思いますが、経験を積む内に〝お客様のゆるむ力を信じてみよう〟と思えるようになりました。そうしたら肩に力も入らなくなって、背中の施術をしても疲れにくくなりました」

お腹から施術を行うのもすごく良い方法ですよね。でもお腹って、クライアントさんにもよると思いますが、信頼関係が作られてからでないと触れられない部位でもあると思うんです。

あと、力まなくなった話はとても良いですね。相手の力を信じること、セラピーを行う上での大前提です。子育てで例えると、何でもお母さんがやってあげていたら、子どもの意欲や経験を奪ってしまうことに繋がりますよね。

成長を信じながらサポートを行っていく。それと同じで、クライアントさんの治癒力を信じて尊重しながら、サポートをしていく。このさじかげん、とても難しいけれど大事ですよね。

私の場合、背面の共感でやってくる言葉は〝個々の翼をひらく〟エネルギーです。肩甲骨の部分が翼にあたるとイメージしてください。

私は背面に触れると、その方のこの世界での〝エネルギーの在り方〟を受け取ることが多くあります。猫背で自信なく頑張る方もいれば、重たい荷物を一人で抱え背中がガチガチな方もいる。過去生でどう生きてきたか、今生でこれまでどう生きてきたのか分かりやすい部位です。後でじっくり解説しますが、背面は〝男性性〟のエネルギーとも深い関わりがあります。

どんなクライアントさんでもまずはこの部位をゆるめて、安心させてあげることがとても大切です。それが〝個々の翼をひらく〟エネルギー創りに繋がっていきます。

お腹は自分の太陽を輝かせるエネルギー

では次は、〝前面、お腹〟に関する施術についてみていきましょう！
ヒロミさんからお願いします。

ヒロミ「先程も言いましたが、私はお腹が一番共感しやすいです。どんなに時間がなくても、必ずお客様のお腹には触るようにしています。感情が溜まりやすい場所だと思うので」

そうですね。お腹、内臓には感情が溜まりやすいと言われています。
中医学、東洋医学でもそう伝えられているし、お腹のセルフトリートメントをしていても、様々な感覚、感情が出てきやすくなると感じます。

また、今は腸内環境を整えるサプリとか、飲み物とか様々なものが売られていますよね。けれど、例えばドブ川の中に精油を入れても香ることがないように、汚れてしまっている腸にどんなに高級なサプリを入れても、効きづらいと思うんです。まずはある程度、お腹の施術で整えてからサプリなどを取り入れていく方がより吸収しやすくなるように思います。クライアントさんにこんな話をしてからお腹の施術を行えば、よりお腹の状態に意識が向きやすくなるかもしれませんね。

マリコさんはいかがですか？

マリコ「私、お腹にはいきなり触られたくない派です…。家族も触れさせてくれませんね」

お腹に関しては、そういう方は多いです。骨に覆われていないむき出しの部分だし、敏感な部位ですから。動物も信頼してくれないとお腹をみせてくれませんよね。抵抗を感じて当然の部位だと思いますよ。

セイコさん、いかがですか？

セイコ「自分のお腹を触ってみたら、また〝バカ〟って言葉がやってきました。なので、みなさんの話を聞きながら胃の辺りをほぐしてみました。今までお腹はあまり意識して施術に取り入れてこなかったので、今後は取り入れていきたいです。だけど、信頼関係を築かない内は触られたくない方はやっぱり多いでしょうね」

ありがとうございます。私も長年セラピストをしていて、内臓と感情の繋がりを実感する事例は多いです。ぜひお腹のセルフトリートメントを続けていってくださいね。

私の場合ですが、クライアントさんに「触って欲しくない」と言われたらもちろん触りません。繊細な方、神経が張っている方ほど、お腹が敏感になっています。だから私はそんな時は、アロマの力を借りるようにしています。

いつもより精油を多めに使って、香りの力で無条件にゆるんでもらうことからはじめます。セイコさんの場合はチェーン店にお勤めだから、精油を使うことは難しいですよね。そんな時は実際に精油を使わなくても、精油のイメージを持ちながらクライアントさんに施術を行うだけで、伝わるエネルギーがあるんですよ。後でこのワークを行いましょうね。

ヒロコさんはどうですか?

ヒロコ「私、お腹が弱いんです。くだしやすいし、緊張したりするとすぐにお腹にきます」

ありがとうございます。

私が前面、お腹に関して共感して感じる言葉は、〝自分の太陽を輝かせる〟エネルギーです。今、ヒロコさんの話を聞いていても、やはりそのように感じました。

自分のエネルギーを今生で発揮しているか、輝かせているか？　そんなエネルギーを感じやすい部分です。過去生や今生において、自分らしく生きているか？　なので、それらにまつわる共感のヴィジョンやメッセージを受け取ることが多いです。

また、前面は女性性のエネルギーとも深い関わりがあります。後で詳しく解説を入れますが、男性性は能動、女性性は受容のエネルギーです。

こんなふうに身体に触れると、その方の様々なエネルギーに共感することができます。チャクラのエネルギー、男性性や女性性のエネルギー、幼少期の環境などが影響を与えるインナーチャイルド（内なる子ども）のエネルギー、先祖から引き継いだエネルギー、過去生のエネルギーなど。これらはすべて、魂のエネルギーを癒す鍵となります。

《 レッスン 》

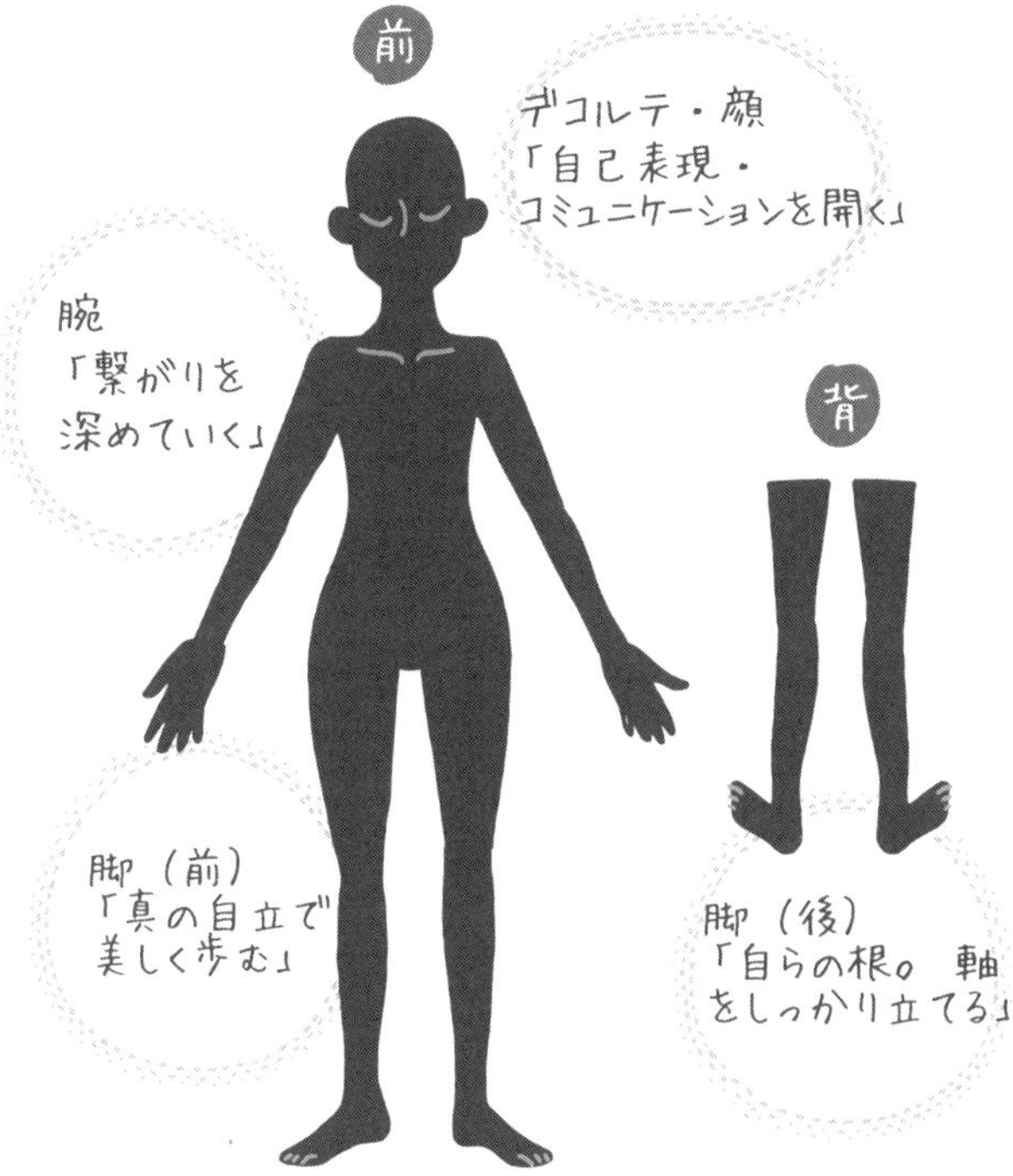

また、背面と前面以外のパーツでは、

◎脚（背面）は〝自らの根。軸をしっかり立てる〟エネルギー

◎脚（前面）は〝真の自立で美しく歩む〟エネルギー

◎腕は〝繋がりを深めていく〟エネルギー

◎デコルテやお顔は〝自己表現。コミュニケーションを開く〟エネルギー

という共感のワードがやってきます。けれどこれらは私が感

じた言葉なので、ぜひ、それぞれ各パーツが教えてくれるエネルギーを感じていってくださいね。

そして、トリートメントにおいて何よりも大切になるのは、当たり前ですが〝施術の技術〟です。これをないがしろにして共感だけしても、クライアントさんは満たされません。もし自分がクライアントさんだったら…と想像してみて欲しいのですが、施術の技術が稚拙なのに、共感で得たメッセージやヴィジョンを伝えられても、中々すんなり受け入れられないですよね。ボディセラピストであるならば、やっぱり技術は本当に本当に大切です！

魂の部分に共感する理由

それではここで〝魂の部分に共感する理由〟を詳しくお伝えします。

大きく分けると2つあります。

①魂のリベンジ

過去生で後悔したこと、やり遂げられなかったこと、心残りにしたことなどを今生で実行していく必要があるから

②魂の長所として活かす

例えば過去生でプロのピアニストだった場合。なぜか今も最初からピアノを弾くことがしっくりくることがある。今の時代ではプロのピアニストにはならないかもしれないけれど、その経験を今生では違う形で活かしていくことができる

私のサロンにいらっしゃるクライアントさんには、この2つを説明してから施術に入るようにしています。説明することで私自身の意識もそこに向いやすくなるし、クライアントさん自身の意識を高めることにも繋がるからです。これまで、説明したけれどエンパシーが起きなかった、ということは一度もありません。そもそも、〝エンパシーアロママッサージ〟を受けに来られるクライアントさんは、もう魂のエネルギーを癒す準備ができていることがほとんどです。

レッスン1でもお伝えしましたが、魂のエネルギーの癒しが起きると、身体も心も現実も大きく変容していきます。これからの時代、この魂のエネルギーの癒しや成長はとても重要になってくると感じます。私たちの魂が癒されると、地球のエネルギーも癒されるからです。

精油は宇宙のエネルギー

では、次は精油を使ったヒーリングワークを行ってみましょう。前述しましたが、身体と心がガチガチの状態だと、共感は起こりにくくなります。こんな時、精油を使うと状況は一変します。使うと場の空気感まで変わりますよね。私も大好きなのでたくさん学んだし、暮らしの中にも取り入れてきました。

精油は植物の生命エネルギーそのものですよね。何でこんなにも人を癒してくれるのか、不思議です。実は私は、植物の種は元を辿っていくと様々な惑星からやってきたものだと感じています。その惑星特有のエネルギーが、様々な癒しをサポートしてくれるのかなぁと思うのです。そして精油は身体、心、魂エネルギーを癒してくれると共に、私たちを大いなる宇宙のエネルギーと繋がりやすくもしてくれます。

今回は敢えて嗅覚を使わずに、視覚、触覚、聴覚、味覚の4つの感覚で精油のエネルギーを感じてみるワークを行います。嗅覚以外の五感で精油のエネルギーを感じ、五感のバランスを整えていくヒーリングワークです。精油は①パチュリ、②オレンジスィート、③ミルラ、④ペパーミントの4つを使用します。とりあえず、まずはやってみましょう！

パチュリのヒーリングワーク

では、まずはパチュリから。
宇宙のエネルギーと共に、パチュリのエネルギーをみなさんのハートに送ります。それを受け取って、それぞれに膨らまして、パチュリからのメッセージを受け取ってください。

まずは、目を閉じてください。
そして、呼吸を感じていきます。
鼻から吸って、口から吐いて…。

呼吸を繰り返しながら、宇宙のエネルギーを吸って、自身の中から様々なネガティブなエネルギーが出てきたら、それを宇宙に還して…というイメージを持ってください。

パチュリ（*Pogostemon patchouli* シソ科）

☆エンパシーで感じるワード
『かけがえのない自分、真実を知る勇気、
純粋な自分に還る、深い絆、大地』

インド原産の多年草で、紫がかった花を咲かせる。古くから薬や入浴剤の薬草として用いられてきた。湿った土のようなオリエンタル系の香り。

〔**心身への働きかけ**〕深い落ち着きを取り戻し、情緒を安定させる。過食など神経過敏からくる食欲を抑える…etc.

呼吸を繰り返したら、〝パチュリ〟という言葉を自身に響かせていってください。
パチュリのイメージを心に置いてもいいし、足や臀部に置きたくなったら置いてもいい。繰り返し〝パチュリ〟という言葉を響かせてもいい。パチュリのエネルギーで癒されている自分自身を感じていきます。

両手をハートに持っていきます。
ハートを通じて、宇宙に「今、私に必要なメッセージをください」と投げかけて、必要なメッセージを受け取っていきます。
メッセージは、何らかのヴィジョンとして受け取ってもいいし、イメージで感じてもいい。来るものをそのまま受け取っていきます。大いなる宇宙のエネルギーを感じて、パチュリと繋がっていきます。

何らかのメッセージを受け取ったら、戻る準備へと入っていきます。

足の裏を感じてグランディングをしていきましょう。

《 レッスン 》

意識を目の裏側まで上げていき、ゆっくりと目を開けていきます。

おかえりなさい！
では、みなさんに感じたことを聞いていきましょう。
なんでもいいです。どんな共感が起きましたか？

セイコ「大草原のイメージがみえました。そして、〝もっと自分を大切に〟っていうメッセージが聞こえてきました」

マリコ「私は…その…なぜか、男性の太腿を施術している映像がみえました」

マリコさん、それは何かありそうですね。今の話を聞きながら、その太腿はマリコさんの〝男性性のシンボルでもある〟っていうメッセージが来ました。今は、マリコさんの男性性をほぐしている感じかもしれませんね。

ヒロミ「私は目が光っている大きなイカがみえました。宇宙のイメージが海になって、紫の光がさして黄金色の光に包まれて、身体があたたかくなりました」

大きなイカですか…。何かありそうですね。イカにどんなメッセージがあるか、調べてみるといいと思います。しばらくは大きなイカを意識してみてくださいね。

ヒロコ「私は曇り空の下に広がる大自然がみえました。そして〝雨、曇り、晴れ、すべてがあって豊かさがある〟っていうメッセージが聞こえました。あと、赤ちゃんの握りこぶしもみえました。ちっちゃいけど、生きる意志やヤル気を感じました」

いいですね！生命力ですね。

ヒロコさんがみたように、私たちはみんな赤ちゃんだったんですよね。ヤル気満々で地球に降りて来て、雨、曇り、晴れの日、色んな体験をして成長していく…。

みなさん、良い感じに精油のエネルギーと共感できていると思います。

では、次はオレンジスィートで同様のヒーリングワークを行ってみましょう。

《 レッスン 》

オレンジスィートのヒーリングワーク

宇宙のエネルギーと共に、オレンジスィートのエネルギーをみなさんのハートに送ります。それを受け取って、そのエネルギーを膨らまして、オレンジスィートからのメッセージを受け取ってください。

まずは、目を閉じてください。

そして、呼吸を感じていきます。

鼻から吸って、口から吐いて…。

呼吸を繰り返しながら、宇宙のエネルギーを吸って、自身の中から様々なネガティブなエネルギーを宇宙に還して…というイメージ

オレンジスィート（*Citrus sinensis* ミカン科）

☆エンパシーで感じるワード

『楽しもう・笑おう・歌おう、生きる喜び、ここに生み出すパワー』

オレンジスィートの木は常緑樹で、精油は果皮から圧搾法で抽出される。爽やかな柑橘系の香り。刺激も少なく、妊婦や子どもにもおすすめ。

〔**心身への働きかけ**〕気持ちを明るくし、リラックスにもリフレッシュにもなる。便秘、不眠症、食欲増進…etc.

を持ってください。

〝オレンジスィート〟という言葉を響かせていってください。大いなる宇宙のエネルギーを感じて、オレンジスィートと繋がっていきます。

オレンジスィートのイメージを心に置いてもいいし、子宮、生殖器に置きたくなったら置いてもいい。繰り返し〝オレンジスィート〟と言葉を響かせてもいい。オレンジスィートのエネルギーで癒されている自分自身を感じていきます。

両手をハートに持っていきます。

ハートを通じて、宇宙に「今、私に必要なメッセージをください」と投げかけて、必要なメッセージを受け取っていきます。メッセージは、何らかのヴィジョンとして受け取ってもいいし、イメージで感じてもいい。来るものをそのまま受け取っていきます。

何らかのメッセージを受け取ったら、戻る準備へと入っていきます。

足の裏を感じてグランディングをしていきましょう。意識を目の裏側まで上げていき、ゆっくりと目を開けていきます。

では また、みなさんに感じたことを聞いていきましょう。いかがでしたか？

ヒロミ「炎のエネルギーがみえました。オレンジ色の花も。そして〝情熱〟という言葉がやってきました」

それを受け取って、どう感じましたか？

ヒロミ「う〜ん…。情熱が足りてないのかな…と思いました」

いいですね。ここからはこんなふうに、受け取ったら〝それでどう感じた？〟と必ず自分に問いかけてみてください。受け取るだけでなくて、エンパシーを感じたらそれを〝俯瞰してみていく〟練習もしていきます。

それを踏まえて、ヒロコさんはいかがでしたか？

ヒロコ「太い竹と、梅の花にとまる鶯がみえました。それを感じて俯瞰してみえたことは、〝日本的でほっこり。和の癒し〟です。若い頃の私なら、こういう日本的な和のイメージの癒しの良さがよく分からなかったと思うんです。でも今はそれを感じることができる自分がいて嬉しいです」

そうそう、そんな感じで共感したものを俯瞰して感じていってください。

みえたものですが、和の癒しって大人なイメージですよね。以前は感じられなかった感覚を今は感じることができるって、喜びになります。他にもそういうものがないか探してみるといいです。自分の領域がどんどん広がっていきますから。

マリコ「私は腰の領域が広くなった感覚がありました」

それ、どういうことだと思いますか？まずは自分で俯瞰して感じてみてください。

マリコ「腰の辺りには腎臓があるから、また、恐れの感情と関係があるのかな…と」

《レッスン》

いいですね！そんな感じで自分の解釈を深めていく練習をしてください。私もマリコさんの話を聞いていて、オレンジスィートが恐れを解放に導いてくれると感じましたよ。

セイコ「私は、灰色になった夫のイメージがみえました。そのうち笑顔になっていって、色がついていきました。そうしたら亡くなった娘がみえて「お母さんお父さんありがとう」って言ってくれて、涙が出てきました」

それは、どういう意味だと思いますか？

セイコ「…私と主人から、エネルギーが子どもに繋がっていっている。命は繋がっていく。俯瞰すると、こういうことかもしれません」

ありがとうございます。エンパシーで感じたことを俯瞰してみた時にどんな解釈ができるか、声に出して言う練習をとにかく積んでください。受け取って紐解いて、伝える。サロンではクライアントさんに伝えていかないといけません。この練習をどんどんしてくださいね。

では、次はミルラいきます。

ミルラのヒーリングワーク

宇宙のエネルギーと共に、ミルラのエネルギーをみなさんのハートに送ります。それを受け取って、そのエネルギーを膨らまして、ミルラからのメッセージを受け取ってください。

まずは、目を閉じてください。
そして、呼吸を感じていきます。
鼻から吸って、口から吐いて…。

呼吸を繰り返しながら、宇宙のエネルギーを吸って、自身の中から様々なネガティブなエネルギーを宇宙に還して…というイメージを持ってください。

ミルラ（*Commiphora molmol* カンラン科）

☆エンパシーで感じるワード
『夜明け前の静けさ、水面下での動き、制限の解放、軌道修正』

和名は没薬で、カンラン科の樹脂からとれる精油。主な生産はアフリカ、中東地方。ミイラの語源ともされ、古代エジプト、聖書にも登場する古い歴史を持つ香り。

〔**心身への働きかけ**〕情緒を安定させ、意識をクリアにする。呼吸器系の炎症を穏やかにする、抗菌力に優れている…etc.

《 レッスン 》

〝ミルラ〟という言葉を響かせていってください。大いなる宇宙のエネルギーを感じて、ミルラと繋がっていきます。

ミルラのイメージを心に置いてもいいし、背中や眉間の奥に置きたくなったら置いてもいい。繰り返し〝ミルラ〟と言葉を響かせてもいい。ミルラのエネルギーで癒されている自分自身を感じていきます。

両手をハートに持っていきます。

ハートを通じて、宇宙に「今、私に必要なメッセージをください」と投げかけて、必要なメッセージを受け取っていきます。メッセージは、何らかのヴィジョンとして受け取ってもいいし、イメージで感じてもいい。来るものをそのまま受け取っていきます。

何らかのメッセージを受け取ったら、戻る準備へと入っていきます。

足の裏を感じてグランディングをしていきましょう。意識を目の裏側まで上げていき、ゆっくりと目を開けていきます。

ではまた聞いていきます。どなたからでもかまいません。

ヒロコ「では私から。あたたかくて、包まれていく感覚がありました。広大、大きな器、まだ知らない世界、領域…。心地よくて、区切りも国境もなくて…私に羽が生えていて、自由に飛んでいました。俯瞰してみると、これがワンネスの感覚なのかな？という気がしました」

とてもいいですね。まさにそれは、ワンネスの世界と繋がっている感覚だと思います。ちなみに、現実世界でそれと同じような心地よい感覚を身近に感じさせてくれる方はいますか？旦那さん、お母さん、お父さん、子どもたち、誰でもいいです。

そういう感覚をもたらしてくれる誰かがいたら大切にしてください。いなければ、それを感じさせてくれる物でもＯＫです。何かを身近に置くといいですね。感じたワンネスの感覚を、今、生きている次元でも感じられるようになると、ヒロコさんの世界がさらに優しく変容していくと思います。

セイコ「私はミルラと一体化して、地に足をつけて立っているようなヴィジョンがみえました。〝自信を持っていいんだよ〟って言葉が聞こえて、ゴールドの光を燦々と浴びて希望に満ち溢れている映像がみえました。すべてを癒してくれるようなエネルギー放射を感じました」

すごくいいですね。背中の施術のシェアの際に〝自信がもてない〟という話をされていたと思うので、背中にミルラの精油を使ったり、黄金色の何かを置いてあげると、セイコさんの過去や過去生も癒えていくと思いますよ。

ちなみに、クライアントさんから「今だけでなく、どうして過去生や過去の感情を癒す必要があるんですか？」と質問を受けることがたまにあります。先ほども魂のエネルギーを癒す理由をお伝えしましたが、現在の悩みや生きづらい感覚って、過去の様々な出来事が原因なことがよくあります。そしてそれだけでなく、そこに過去生の生き方や出来事がからまってしまっていることがほとんどです。放っておくと未来にも繋がっていきます。

今回のセイコさんのようにすべてが癒される感覚がある時は、過去だけでなく過去生、そして未来にまで癒しの光が到達している時です。

マリコ「私はミルラのエネルギーを背中で感じました。右の肩甲骨からロボットのような羽が広がりましたが、左は広がりませんでした。冷たかったハートに右側からあたたかいエネルギーが流れ込んできて、耳からポコッと何かが抜けていく感覚がありました。こういう感覚が、癒しの体感なのかな…と思いました」

そうです、癒しの体感ですね。そういう体感をどんどん積んでいってください。

ヒロミ「私は最初、生臭いニオイがしてきました。気持ちが悪くなって、受けつけることができない。宇宙のエネルギーと繋がっていくにつれてニオイはなくなってきたけど、子宮が痛い感覚がやってきました。その痛みもやがて通り抜け、次第に大きな目がみえて、そうしたら良い香りに変わっていきました」

実は生臭いニオイを感じている時って大体、深い癒しが起きている時なんです。先程も海、大きなイカとおっしゃっていましたよね。魂の深い部分や潜在意識の深い部分に到達している時って深い海の香り、生臭さのようなものを感じることがあります。また、ミルラは樹脂で、古代エジプトでは瞑想時やミイラを保存する際に使われていたそうです。ですから歴史的にも深いエネルギーを持つ精油。大きな目も、古代エジプトのホルスの目と関係しているのかも。深く深く癒しが起きると、高く高く繋がっていける。そんな象徴のような体験が起きましたね。

では最後に、ペパーミントと繋がっていきましょう。

ペパーミントのヒーリングワーク

宇宙のエネルギーと共に、ペパーミントのエネルギーをみなさんのハートに送ります。それを受け取って、そのエネルギーを膨らまして、ペパーミントからのメッセージを受け取ってください。

まずは、目を閉じてください。
そして、呼吸を感じていきます。
鼻から吸って、口から吐いて…。

呼吸を繰り返しながら、宇宙のエネルギーを吸って、自身の中から様々なネガティブなエネルギーを宇宙に還して…というイメージを持ってください。

ペパーミント（*Mentha piperita* シソ科）

☆エンパシーで感じるワード
『再生、活性化、波にのっていく、思考の明瞭さ』

スーッとした清涼感のあるハーブ系の香り。抽出部位は全草で、水蒸気蒸留法で抽出。古くから食用だけでなく、薬用、香料としても使われてきた。

〔心身への働きかけ〕頭の中をクリアにし、柔軟にする。花粉症、消化不良、痒み、風邪、インフルエンザ、鼻炎…etc.

〝ペパーミント〟という言葉を響かせていってください。大いなる宇宙のエネルギーを感じて、ペパーミントと繋がっていきます。

ペパーミントのイメージを心に置いてもいいし、頭部やお腹に置きたくなったら置いてもいい。繰り返し〝ペパーミント〟と言葉を響かせてもいい。ペパーミントのエネルギーで癒されている自分自身を感じていきます。

両手をハートに持っていきます。

ハートを通じて、宇宙に「今、私に必要なメッセージをください」と投げかけて、必要なメッセージを受け取っていきます。メッセージは、何らかのヴィジョンとして受け取ってもいいし、イメージで感じてもいい。来るものをそのまま受け取っていきます。

何らかのメッセージを受け取ったら、戻る準備へと入っていきます。

足の裏を感じてグランディングをしていきましょう。意識を目の裏側まで上げていき、ゆっくりと目を開けていきます。

では、またシェアをお願いします。

セイコ「はい。私ははじめ喉の痛みがありました。お腹に何かが溜まっている感じもあって、それがみえてクリアになった感覚があります。自信のなさがお腹に溜まっているのかな?と俯瞰して感じたので、ペパーミントのハーブティーを飲んでみようと思います」

マリコ「後頭部がスッキリして、あたたかくなり気持ちも良くなりました。頭に色々と溜まっていたのかな…」

二人とも、いいですね。ペパーミントはお腹や思考のエネルギーをクリアにしてくれる作用がありますから、今後もこのワークを続けてみてください。もっと色々と感じて、ペパーミントと関係性を深めていってくださいね。

ヒロミ「重た〜い石がみえました。〝軽く!〟って言葉がきて、そうしたらなぜか七福神と輪になって踊っていました（笑）」

それ、とてもいいですね！　私がそのヴィジョンをみたら、2〜3ヶ月は七福神をモチーフにしたシールを携帯とかに貼るかもです。七福神が応援してくれているのを感じます。感じて、信じて、七福神と繋がるアクションを起こしたら、七福神も喜びます。そうしたら、また宇宙からギフトが与えられますよ。みえたもの、感じたものを信じて行動を起こしてくださいね。

ヒロコ「私は眉間にペパーミントが必要だと感じました。〝見通し〟っていう言葉がきて、宇宙からみた地球がみえて、向こう側に太陽があって、地球と太陽が重なってダイヤモンドリングがみえました。これを感じて俯瞰して思ったことは、掃除しよう！でした（笑）」

大きなヴィジョンがみえて、現実的にすることも分かった。そう、その感じでどんどん共感を現実で実践してください。ペパーミントの精油を使って掃除をしてもいいかもですね。

みなさん、いかがでしたか？

精油の香りではなく、エネルギーそのものを感じて、精油に共感して、自分に必要なメッセージを受け取るヒーリングワークでした。もちろん、香りを嗅ぎながら行ってもOKです。このヒーリングワークは精油と宇宙と深く繋がる良いトレーニングになります。トレーニングしながら、自身の癒しも加速されます。

また、嗅覚だけでなく視覚、聴覚、触覚、味覚、五感すべてのバランスを整えてくれます。ぜひ共感したことをノートに書いて、自分だけの精油の使い方を確立してください。そして、共感したらそのヴィジョンや言葉をどう感じるか、どういう意味があるか、どう活かしていくか、必ず俯瞰してくださいね!

《解説》

先祖のエネルギーはしっかりした根をつくる

読者のみなさま、レッスン2はいかがでしたか?

ここからはレッスン2の内容をさらに深掘りしてお伝えしますね。

まずは、先祖のお話しから!

背面の共感のシェアの際に、〝先祖〟というワードが浮かんだという話がでましたね。先祖のエネルギーは身体エネルギーに大きな影響を与えています。お伝えしましたが、特に第1チャクラの状態に関わっています。

魂は転生を繰り返します。魂が身体に宿り〝人〟になりますが、身体は先祖のエネルギーを引き継いでいます。また、先祖とは過去生でも深い関わりがある可能性も高いです。〝ルーツヒーリング〟なんていう言葉がありますが、先祖を辿り知ることで、とても大きな癒しが起きることもあります。

《 解説 》

今回のように先祖という言葉が浮かんだり、それに関わるヴィジョンやメッセージを受け取った時は、先祖のエネルギーと繋がるタイミングです。そして耳にしたことがあると思いますが、今は〝風の時代〟なんて言われていますよね。これまでは経済、目に見える物に大きな価値が置かれていましたが、これからは〝目に見えない物〟に価値が置かれていく時代。実際に、精神的な幸せを追求している人々が増えています。

けれど、しっかりとした軸を持ち地に足がついていないと、〝風〟に翻弄されてしまう時代でもあると言えます。スピリチュアルに関する情報も溢れているし、風の時代には様々な問題や争いが起きやすくなるという説もあります。風にも色々あって、穏やかな風もあれば台風みたいな強風もある。吹き飛ばされないように、身体、心、魂の3つの癒しがさらに必要になる時代になっていくと感じています。

こんな時代こそ先祖を辿ったり、先祖に感謝の気持ちを送ることがとても大切になります。先祖のエネルギーはしっかりとした根をつくってくれます。もしもこれを読んで何か感じたら、ぜひ実際にお墓参りをしたり、今いる場からでもよいので先祖に感謝の気持ちを送り、繋がりを持ってみてくださいね。

男性性と女性性のエネルギー

次は背面と前面の施術の時に話した、男性性と女性性のエネルギーについてお伝えしたいと思います。

お話しした通り、私は背面の施術で〝個々の翼をひらく〟エネルギーを感じることが多いです。〝個々の翼をひらく〟エネルギーとは、その方のエネルギーの在り方です。自分のエネルギーの翼を広げ、羽ばたいているか?ということです。生き方、とも言えますね。

例えばクライアントさんに共感した際、〝自立したいのに、中々勇気が出ない〟というようなメッセージを受け取ったとします。こういう場合は身体、心、魂のエネルギーのバランスが不安定になっていることが多く、中でも〝男性性のエネルギー〟が弱くなっている場合が見受けられます。

誰しも、男性性と女性性の両方のエネルギーを持ち合わせて生きています。男性の中にも女性的なエネルギーが、女性の中にも男性的なエネルギーがあります。男性的なエネルギーとは、〝能動〟、女性的なエネルギーとは〝受容〟とも言えます。

《 解説 》

能動のエネルギーは行動、実行、やり抜く、自分の足で立つ…などが挙げられます。中医学や東洋医学では〝陽〟のエネルギーと言われるもので、季節では春や夏、太陽、自律神経では行動を促す交感神経などで例えられます。一方、受容のエネルギーは受け入れる、待つ、育む、委ねる…などが挙げられ、中医学や東洋医学では〝陰〟のエネルギー、秋や冬、月、リラックスの副交感神経などで例えることができます。

私は背面の施術の際、クライアントさんの〝男性性のエネルギー〟に、前面の施術の際は〝女性性のエネルギー〟に共感することが多いです。身体のイメージ的にも、背中は固くて広くて男性的、お腹は子どもを育む場所であり、やわらかくて女性的な質の感じがしませんか？

エネルギーの翼をひらいて羽ばたくためにも、行動、実行、やり抜く、自分の足でしっかり立つ…という男性性の能動エネルギーは必須です。例えばある女性の中で、男性性のエネルギーが弱くなり、女性性のエネルギーが過度に優位になり過ぎると、自分には何もできないような気がしたり、誰かや何かに過度に依存したり、パートナーに服従するような状態になったり、場を崩壊させるような言動をしてしまったり…という状態になる可能性があります。

セラピストの状態で分かりやすく例えるとしたら、男性性のエネルギーが弱く女性性の質が優位になり過ぎていると、セラピストになりたいのに自分にはできない気がする、一歩を踏み出す勇気がでない、働くことになぜか抵抗を感じる、ひとつのことが続かない、誰かの意見に左右され過ぎる…などが挙げられると思います。

また、レッスン1に出てきた〝クライアントさんのエネルギーをもらってしまう〟問題も起きやすくなります。なぜか受け身になり過ぎてしまい能動的な思考、行動ができず、解決策を取らずにとどまってしまい、最悪の場合はセラピストを続けられない…なんてことも起きてきます。

逆に、女性性のエネルギーが弱くなり、男性性の質が優位になり過ぎると、人の意見が受け入れられない、待てない、誰かの成長を楽しめない、自己中心的になる、境界線を引き過ぎる、また、切り離したくなる…というような状態になることがあります。

この状態では〝自分の太陽を輝かせる〟という、強いだけではない、美しく明るく自他を輝き照らすエネルギーとはほど遠いですよね。そもそも、女性性のエネルギーが希薄な状態では、相手に共感することができません。

《 解説 》

男性性のエネルギーも、女性性のエネルギーもバランスが大切です。共感＝エンパシーは相手を受け入れ、能動的に共感し、俯瞰します。どちらのエネルギーもとても大切になります。

どのように整えていったらいいか？ですが、様々なやり方があると思います。

私たちはこれまでの過去生で男性も女性も、どちらの性別も生きてきました。ですから過去生のエネルギーはもちろん、各チャクラのエネルギー、父性や母性のエネルギー、生育環境が影響を与えやすいインナーチャイルドのエネルギー、先祖のエネルギー、パートナーシップ…など。どの切り口から癒していっても、すべてのエネルギーは連動しているので、結果的に男性性、女性性のエネルギーは整っていきます。身体をゆるめることも大事！

私のことで言うと、今思えばですがシングルマザーになったことで、男性性のエネルギーを育てることができたのかな…とも感じています。子育てをしながら、お金や現実的なことと向き合わざるを得ない日々が続きましたから。本当に、成長のためにそれぞれに必要なことが起こりますね。

クライアントさんの方が魂レベルは上

ここからは、施術のポイントと精油についてお伝えします。まずは施術のポイントから。

私の施術の基本的な流れは、背中↓脚(背面)↓脚(前面)↓お腹↓腕↓デコルテ↓フェイシャル↓ヘッドという順です。クライアントさんによってその日のエンパシーを大切に、変動することもあります。施術の時間はカウンセリングも入れて3時間程度いただいています。

身体をメインに共感を行う場合は、自分のエネルギーの6割をクライアントさんの身体に共感させて、残りの2割ずつを心と宇宙に共感させる感覚を持っています。心をメインに共感する場合は6割が心、2割が身体、2割が宇宙です。魂の場合は8割が宇宙、1割ずつ身体と心に共感させています。この際、気が上にあがり過ぎないようにしっかりと自分の身体で大地を感じることが必須になります。

この比重もクライアントさんによって変わるので、あくまで目安だと思ってください。大いなる宇宙と共感できている時は、一人で施術を行っていない感覚、導かれている感覚、守られ安心している感覚がやってきます。

共感して感じたことを伝える時には、「共感して感じたことなんですが」と言ってからお伝えし、共感せずに私が個人的に感じたことは「これは私自身（愛子）が思ったことなんですが」と明確に区別して話すように努めています。

他にもエンパシーの流れを止めないために、施術中はどちらか一方の手を必ずクライアントさんに触れているようにする、手の平を密着させる、大地のエネルギーとしっかり繋がって施術を行えるように、足の踵や爪先を浮かせることなく下半身を安定させる、上半身は流れに乗れるようにゆったり保つイメージを持つ、目線を安定させるなど、心地よい施術のための基本は必ず意識しています。

また、これはとても大切な心構えですが、〝クライアントさんの方が魂レベルは上〟ということを念頭においています。クライアントさんがいるから、セラピストという役割をさせてもらうことができます。エンパシーに無駄な出会いはひとつもありません。施術を行うのはセラピストですが、クライアントさんがいるからこそセラピスト側も成長し、癒されます。〝クライアントさんはそのような存在である〟ということを忘れないようにしています。

精油は宇宙のエネルギー

続いて精油についてです。レッスン2で行った精油のエネルギーを感じるヒーリングワークに驚いた方もいるのではないでしょうか？アロマセラピーといえば〝香り〟ですが、敢えて嗅覚を使わないヒーリングワークになっています。

精油を香りだけでなく、エネルギーとして感じることができるようになると、精油のエネルギーそのものをクライアントさんに向けることができるようになります。この手法はチェーン店などにお勧めで精油が使える環境でなかったり、遠隔セッションの際にも便利です。敢えて嗅覚以外の五感で精油を捉えることで、他の感覚の感度を上げていく目的もあります。

また、精油のエネルギーとの繋がりが深まるので、実際に精油を使用したアロマトリートメントを行う時に、「このクライアントさんにはこの精油が良さそう」と感じる感覚や判断力が鍛えられます。もちろん香りを嗅ぎながらヒーリングワークを行っても良いので、どんどん精油と共感してメッセージを受け取って、仲を深めていってください。

精油のエネルギーは宇宙のエネルギーそのものです。ただし精油にも質があるので、質が高く純度が高いものを選んでいけるとさらによいですね。

精油の基礎知識とエンパシーワード

精油の基礎知識については、既に学ばれている方が多いかと思います。また、たくさんの本が出ているので、ここでは重要な部分のみご紹介します。

精油は別名「エッセンシャルオイル」と言われ、植物の花びら・葉・枝・根・果皮・種子・樹皮などの有効成分を高濃度含有した、揮発性の芳香物質です。抽出法はいくつかあり、水蒸気を通して抽出する「水蒸気蒸留法」、皮を潰して搾り取る「圧搾法」、溶剤を使用して化学処理をして抽出する「溶剤抽出法」などがあります。

精油の種類は約３００種類以上あると言われ、香りは大きく分けると柑橘系（レモン、オレンジスィート、ベルガモット等）、花の香りのフローラル系（ゼラニウム、ラベンダー、ローズ等）、スッキリとしたハーブ系（ローズマリー、ペパーミント、メリッサ等）、エキゾチックなオリエンタル系（イランイラン、サンダルウッド、パチュリ等）、重みのある樹脂系（フランキンセンス、ベンゾイン、ミルラ等）、香辛料のピリッとした香りがするスパイス系（ブラックペッパー、シナモン、ジンジャー等）、爽やかなウッディ系（プチグレン、サイプレス、ティーツリー、ユーカリ等）などに分けられます。

香りだけでなく、精油には心身に作用する様々な成分が含まれています。成分のことを知らないと重大な事故に繋がる可能性があります。ですが、そこに不安や恐れを持ち過ぎると、逆にそのような方向に作用してしまうこともあるので、意識的でいましょう。

この成分、例えばラベンダーでも種類によって異なります。ラベンダーひとつとっても、ラベンダー・アングスティフォリア、ラベンダー・ストエカス、ラベンダー・スピカ、ラベンダー・スーパー、ラベンダー・レイドバンなどがあり、成分、作用だけでなく香りも違います。共感しても、感覚が異なるので面白いですよ。他にもローズマリー、ユーカリなんかも様々な種類があります。

また、各精油は香り方にも特徴があります。精油をブレンドしてみると分かりやすいです。揮発性が高く持続時間は約30分、ブレンドをしたら一番先に香るトップノート、ブレンド全体のバランスをとり、中間で香り持続時間は約2～5時間というミドルノート、揮発性が低く香りが約一日持続し、存在感のあるベースノートがあります。私がエンパシーで感じる感覚と共に、代表的な精油をいくつか紹介しますね。

揮発性が高くはじめに香る

トップノート

top note

プチグレン（*Citrus aurantium* ミカン科）

☆エンパシーで感じるワード
『愛くるしさ、あどけなさ、純真さ、遊び心』

ミカン科の常緑樹であるビターオレンジの枝と葉から抽出される精油。ビターオレンジの和名は橙。主な産地はスペイン、フランス、イタリアなど。フレッシュで、少し青っぽい爽やかなウッディ系の香り。

〔**心身への働きかけ**〕リラックス、リフレッシュ、内臓の筋肉の過緊張をやわらげ消化を助ける、痙攣性・アレルギー性の咳、月経痛、不眠症、興奮・神経過敏、極度の緊張…etc.

マジョラム（*Origanum majorana* シソ科）

☆エンパシーで感じるワード
『人生のシナリオ、神さまと交わした契り、
知る旅、人と人との出会いの交差点』

寒さに弱い地中海地方の多年草で60cmほどの草丈に育つ。薬草として何千年も使われてきており、特に古代ギリシャで愛用されていた。主な産地は地中海沿岸。フレッシュであたたかみがあり、甘くややスパイシーなハーブ系の香り。

〔**心身への働きかけ**〕孤独感や心配や不安をやわらげる、不眠症、神経衰弱、極度のショック、胃の不調、冷え症…etc.

揮発性は中度で2～5時間香る

ミドルノート

middle note

イランイラン（*Cananga odorata* バンレイシ科）

☆エンパシーで感じるワード
『覚醒美、クリエイトな志、女性性の開き頃、思考の柔らかさ』

高木で、樹高は10～20mになる。垂れ下がる黄色の花びらが特徴。抽出部位は花。主な産地はコモロ諸島、マダガスカル、インドネシアなど。フローラルでエキゾチックなオリエンタル系の香り。

〔心身への働きかけ〕過度な緊張や不安感、怒りをゆるめる、胃の不調、手荒れ、不眠症、深い落ち込み、筋肉痛、PMS、更年期障害など女性特有の症状の緩和…etc.

フランキンセンス（*Boswellia carterii* カンラン科）

☆エンパシーで感じるワード
『神秘的な目、迷いを捨てる努め、命の蘇り（禊）、真我の道』

樹高3～7mの低木で、白か薄い紅色の花を咲かせる。精油は樹液が固まった乳白色の樹脂から採取する。神仏への捧げものとして古くから焚かれてきた。主な産地はオマーン、インドなど。スパイシーで奥深いウッディ調の香り。

〔心身への働きかけ〕不安感や恐怖をやわらげる、呼吸器系の炎症を穏やかにする、強迫観念、鬱状態、集中力、皮膚再生作用、アンチエイジング…etc.

揮発性が低く香りが一日持続する

ベースノート

base note

サンダルウッド（*Santalum album* ビャクダン科）

☆エンパシーで感じるワード
『心温まる場所、安らぎのひとときき、
本当の自分を知る、対話』

熱帯性の常緑高木で高さは 9m 程。紫色の花を咲かせる。抽出部位は木。日本では白檀の名で親しまれている。産地はインド、スリランカ、オーストラリアなど。ウッディーでエキゾチックなオリエンタル系の香り。

〔**心身への働きかけ**〕心を穏やかにし落ち着いた心境に立ち返らせる、頭痛や不眠など神経の興奮を冷ます、呼吸器系の炎症を穏やかにする、冷え性、手荒れ、衣類の防虫…etc.

スパイクナード（*Nardostachys jatamansi* オミナエシ科）

☆エンパシーで感じるワード
『抵抗感に眠るもの、そこの超えた先にあるもの、
信憑さ、子どもは先生』

ヒマラヤ周辺の高度 3000 ～ 5000m の山地に自生する高山植物。聖書の中でマリアがイエス・キリストの足を洗うために使った香油としても知られ、古代ギリシャやエジプトでも使われてきた歴史の古い精油。抽出部位は根。主な産地はネパールなど。クセの強いウッディー系の香り。

〔**心身への働きかけ**〕緊張をほぐし眠りへと誘う、皮膚のかゆみ、不眠症、強迫観念、神経衰弱、極度のショック…etc.

エンパシーアロマノートを作ろう！

精油とのエンパシーのポイントは、まずは自分が好きな精油から共感してみることです。好きな時点でもう共感が起きているので、繋がりやすいと思います。

施術で肌に塗布する際は、必ずキャリアオイル（植物油）で精油を希釈してから使用してください。自分だけのエンパシーブレンドオイルを開発するのも楽しいですよ！

精油とのエンパシーでみえるもの、感じるものは個々によって違います。私は「エンパシーアロマノート」を作り、毎回メモを残しています。

感じたら必ず〝どんな感じだったか〟〝どんな意味があるのか〟〝具体的にどう現実で使用していったらよいか〟と俯瞰して、癒しを進めていってください。こうすることで、どんどん自信を持ってエンパシーで感じたことを信じ、伝えられるようになっていくはずです。

ぜひたくさんの精油と繋がり、宇宙の癒しを日常に取り入れて、クライアントさんにも還元していってくださいね。

Point

◉エンパシーが起きる感覚は？

★３秒以内にフッとやってくる感覚

★鳥肌が立つ、涙が出る、喉に違和感がある、耳鳴りがする…などは重要なキーポイントであることが多い

★背面は能動的なエネルギーである男性性のエネルギー、前面は受容的な女性性のエネルギーを感じるなど、部位により違いを感じることがある

◉エンパシーを感じたら…？

★そのエネルギーはどんな感じがするか（例 ネガティブかポジティブか）、どんなものがみえたか、そしてそれにはどんな意味があり、現実的にどうしていったらよいか。感じて俯瞰して活かしていこう！

★施術を行う場合、エンパシーでみえたものはタイミングをみて必ず伝えること。伝えないとセラピスト側に残ったままになってしまう

◉実際に精油と共感してみよう！
どんな感覚だったかメモを残そう

Column

過去生Talk❷

繰り返される父との関係

過去生の中で今の私に大きな影響を与えていて、頻繁に繰り返されているパターンのひとつに“父との関係”があります。たくさんあるのですがその中のひとつに、中国の古い時代にいつもお酒を飲んでいて働かず、賭け事ばかりしていた男性の娘だった過去生があります。この時は生涯、父親をゆるすことができずに一生を終えました。

この時の父に対する気持ち、悲しみ、絶望、怒り、恐れ、自分に対する無価値観…。この感覚は今の父との関係にも似ています。この過去生がみえた時、これまでに何度も何度も父との関係を様々なセラピーで癒してきたのに、「またか!!」と思って唖然とした私がいます（笑）。大きなテーマは根が深いので、こんなふうに何度も何度も出てくることがあります。

この時に私がとった行動は、中国の酒飲みの父が常に持っていた、“お酒が入ったヒョウタン”のイメージに近い画像をネットで探し、しばらくパソコンのデスクトップのスクリーンにするというものでした。はじめはそれが目に入る度に嫌な気持ちになっていましたが、時が経つにつれて何だか愛らしくもみえる瞬間が…。大きなテーマの裏にあるものは、時間をかけて育む“心からのゆるし”なんだとつくづく感じます。

Lesson 3

エンパシーカウンセリング

《レッスン》

セラピーの無限の可能性

では特別授業、レッスン3をはじめたいと思います。

ここからは新たな4名の生徒さんと、今度は〝エンパシーカウンセリング〟の授業をしていきたいと思います。これはエンパシーの種類では⑤ハート聴覚派にあたります。

最近では対面の施術だけではなく、オンラインによるセッション、各種セラピーを行うセラピストさんが増えているかと思います。お伝えした通り、私もシンガポールでサロンを経営していた頃から、オンラインも活用していく流れとなりました。

実際に出会うこと、触れること、対面での会話。どれも大好きで大切ですが、オンラインの良さもありますよね。遠方に住んでいる方、海外に住んでいる方にもセラピーや講座を提供することがでるようになって、可能性や世界が無限大に広がりました。これからは、セラピーの形もどんどん進化していくと思います。

この〝エンパシーカウンセリング〟も、海外にお住まいのある生徒さんから「オンラインで可能な、エンパシーを使ったカウンセリングやコンサルティングの方法を教えて欲しい！」というリクエストから誕生しました。

〝エンパシーカウンセリング〟は、オンラインでクライアントさんと繋がって、カウンセリングを行いながら〝声のエネルギー〟で共感していく方法になります。エンパシーアロマッサージとは違い身体に触れずにクライアントさんの声から身体の声、心の声、魂の声を受け取っていきます。目的はエンパシーアロママッサージと同じく、身体、心、魂それぞれのエネルギーを癒し、成長のサポートを行っていくことです。精油を使ったヒーリングもオンライン上で実施可能なので、後で行ってみましょう。

それでは授業に入る前に、みなさんの自己紹介からお願いします。
まずはカヨさんからお願いします。

カヨ「こんにちは。シンガポール、中東と転職を繰り返す夫になかなかついてゆけずに、自分の居場所を見つけようと自分なりに模索中のカヨです。自分の真の望みを探して、シンガポールに住んでいた頃に愛子さんのエンパシーアロママッサージの施術を受けたり、学んだりしていました。愛子さんのエンパシーの力に憧れながらも、私にはできないなぁという気持ちも大きくて…。けれど、学んでからどんどん生きることがラクになっていると感じています。どうぞよろしくお願いします」

ありがとうございます。
続いて、ノブコさんお願いします。

ノブコ「アメリカ在住のノブコです。愛子さ

んとはオンライン上でしかお会いしたことはないのですが、〝エンパシー〟という響きに惹かれ、エンパシーのレッスンを受けています。どうぞよろしくお願いします」

続いてサキさんとリサさん、自己紹介をお願いします。

サキ「前職、英語教師のサキです。愛子さんとはシンガポールにいる時に紹介で出会いました。エンパシーカウンセリングに出会い、癒されていくのを感じました。エンパシーを活かして教育に携わりたいと考えています」

リサ「シンガポール在住のリサです。すごく悩んでいる時に愛子さんと出会い、その出会

いが人生のターニングポイントになりました。エンパシーに出会う前、私は超現実主義者で、愛子さんとは生き方がまるで真逆でした（笑）。仕事はコーチングやビジネスに関わるコンサルティングなどをしています。私の人生を変えたエンパシーを学んで、活かしていきたいと考えています」

みなさん、ありがとうございました。

自己紹介を聞きながら、〝出会いのカルマ〟について考えさせられました。

〝袖振り合うも他生の縁〟という言葉がありますが、〝道を行くとき、見知らぬ人と袖が触れ合う程度のことも前世からの因縁。どんな小さな事、ちょっとした人との交渉も偶然に起こるのではなく、すべて深い宿縁によって起こるのである〟という意味です。こうして共に学ぶという場に同席している私たちには、一体どんな過去生からのご縁があるのでしょうね？

顕在意識と潜在意識

では、レッスンをはじめていきましょう。

みなさん、これまでに〝顕在意識と潜在意識〟という言葉を聞いたことがあると思います。

《 レッスン 》

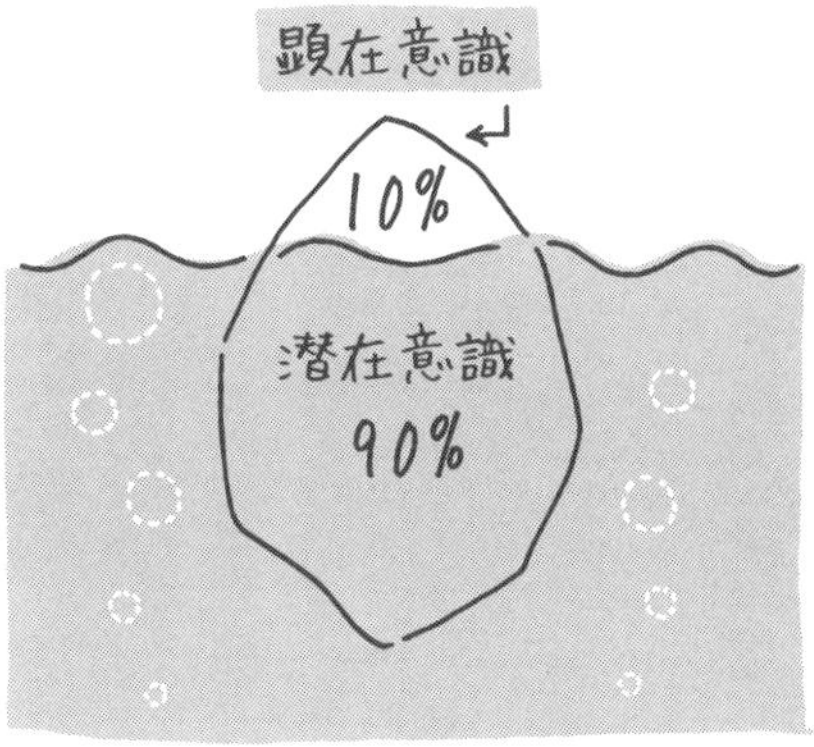

よく上のような氷山のイラストで紹介されていますよね。目に見えている部分＝顕在意識、海中に沈んで見えない部分が潜在意識だと例えられています。

目に見えている顕在意識は普段認識できている意識のことで、表面意識とも言われています。「あれがやりたい」「これが食べたい」など、認識できる行動や思考のことで、普段私たちが生活している時に使っているのもここの意識です。

一方、潜在意識は認識できていない意識のことで、深層意識、無意識などとも言われています。ここにはこれまでの経験から無意識に形成された価値観、信念、思い込みなどが溜まっており、自覚はできませんが自身の生き方に大きな影響を与えています。インナーチャイルド、過去生のエネルギーなど、魂のエネルギーもここにあります。

エンパシーアロママッサージもエンパシーカウンセリングも、この見えない部分、潜在意識の部分をキレイにクリーニングしていく作業だと思ってください。

この作業をしている時、クライアントさんはとてもつらいです。重たく沈んでいる意識をクリーニングしていくわけですから、敢えて楽しい、つらいで表現をするならば、楽しいだけではいられません。

誰にでもどんな人にも、解消されていない課題があります。そこと向き合い、癒していくとコミットしたならば、〝天、宇宙と繋がっていく〟作業をしていることと同じです。潜在意識をクリーニングしていけばしていくほど、宇宙と繋がるゲートの幅が広がっていきます。

私がよく生徒さんやクライアントさんに伝えている言葉に、〝深く深く癒すと、高く高く繋がれる〟というものがあります。地球上で海は70％、陸は30％と言われています。海は果てしなく広大で、まだまだ神秘に満ちていますよね。まるで宇宙のようです。深い深い潜在意識の海に潜って癒せば、より高い場所、天と繋がることができます。

なぜこの話をしたかというと、オンラインのセラピーでは実際にクライアントさんに触れたりということができませんよね。対面の施術に比べ、信頼関係を築くまでに時間がかかると思います。そんな時はこの顕在意識、潜在意識の話や、天や宇宙と繋がる作業をしているということを伝えて、クライアントさんをまずは安心させてあげてくださいね。

癒しが深まっていけばいくほど、自分自身の人生を生きていけるようになるし、天と繋がっていけばいくほど、宇宙からの様々なサポートが受け取りやすくなります。たくさんの嬉しい奇跡が起きる人生、いいですよね！

そして私たちセラピストもこのゲートの幅を広げていくことが大切です。この幅を広げることで、エンパシーの感度、質はグッと高まります。また、より高い天、宇宙と繋がることで、大いなる存在からのサポートをたくさん受けながらセラピーが提供できるようになります。

カヨ「愛子さん、そういう話を聞くと、やっぱり私にはできないんじゃないか…と感じてしまいます。潜在意識の領域ってすごく広大ですよね。そこを癒していくなんて途方もない感覚というか、きりがなさそうな気がしてきちゃって…」

カヨさん、正直なシェアをありがとうございます。

私も同じように思いますよ。なんて広大な領域なんだろうって思うし、今生だけで癒しきるなんて無理だと感じます。だけど、結局は向き合わない限り、同じような課題のループの中で生きることになってしまいます。そんなの嫌ですよね。


例えば、職場が嫌で転職したのに、転職先も同じような環境だった…とか、みなさんも似たような経験をしたことがあると思います。そういう職場に巡り合ってしまう、引き寄せてしまうという根本の原因となっている〝何か〟が潜在意識の領域＝魂の領域の部分にあります。だとしたら解決方法はやはり、地道に向き合うことしかないと思うんです。

そもそも、この〝エンパシー〟を学ぼうと思っている時点で、カヨさんの魂は準備万端、潜在意識の海に飛び込む気満々です。そんな風に、正直にシェアをしてくださることで、どんどん先に進めると思いますよ！

臓器のヒーリングワーク

では早速、『臓器のヒーリングワーク』を行っていきたいと思います。

オンラインで身体に触れられないとしても、やっぱり身体のエネルギーは土台です。セラピストが自分自身の身体エネルギーを感じることができなければ、クライアントさんの身体エネルギーに共感することはできません。しっかり身体エネルギーと繋がっていく感覚を身につけていきましょう。

また、中医学や東洋医学を学んでいる方には馴染み深いと思いますが、内臓は感情と密接に繋がっていると言われています。肝臓は怒り、心臓は喜び、脾臓は思いや悩み、肺は憂いや悲しみ、腎臓は恐怖や驚きと繋がっているなどと捉えられていますよね。また、〝腸〟、腸内環境を整えると、健康になるだけでなく心にも良い影響があると言われ、腸に良い食事を摂る方も増えています。

身体と心は繋がっています。この『臓器のヒーリングワーク』は、身体と心のエネルギー両方に繋がることができるヒーリングワークです。

まずはやってみましょう！

〝腸〟からです。

腸のヒーリングワーク

まずは、腸のヒーリングワークです。


では、目をつぶってください。

呼吸をしていきます。

鼻から吸って、口から吐いていきます。


宇宙のエネルギーが身体、心、深くは魂に浸透していくイメージで行ってください。

十分に宇宙のエネルギーが浸透したと感じたら、イメージの中で自身の腸を取り出して、目の前に置くイメージを持ってください。

身体の外側に出したイメージの状態でヒーリングをしていきます。

今、小腸と大腸は、どのような状態ですか?「腸の下の方が詰まっているな…」とか、「横の方に違和感がある」など。

その詰まっている部分、違和感のある部分、また痛みを感じる部分などに、光の水の出るホースを使って流しているイメージをとってもいいし、手を使って施術しているイメージ、手当て療法にてヒーリングをしていくイメージでもいい。ご自分の感覚に従って、クリーニングをしていきます。平均9・2m、第2の脳とも言われる腸をやわらかく、美しくするイメージを持ちます。

腸が十分に美しくなったと感じたら、腸を身体の内側、元あった場所に戻していきます。そして、新しくなった腸と今の身体を馴染ませていきます。

肺のヒーリングワーク

それでは続けて、肺のヒーリングを行っていきます。

では再び、目をつぶってください。

呼吸をしていきます。
鼻から吸って、口から吐いていきます。

宇宙のエネルギーが身体、心、深くは魂に浸透していくイメージで行ってください。

十分に宇宙のエネルギーが浸透したと感じたら、イメージの中で自身の両肺を取り出して、ご自分の目の前に置くイメージを持ってください。身体の外側に出したイメージの状態でヒーリングをしていきます。

今、右肺と左肺は、どのような状態ですか？暗く感じたり、モヤがかかっているような感じ、違和感などを感じたら、スポンジを使って優しく擦っていくイメージ、手を使って施術をしているイメージ、手当て療法にてヒー

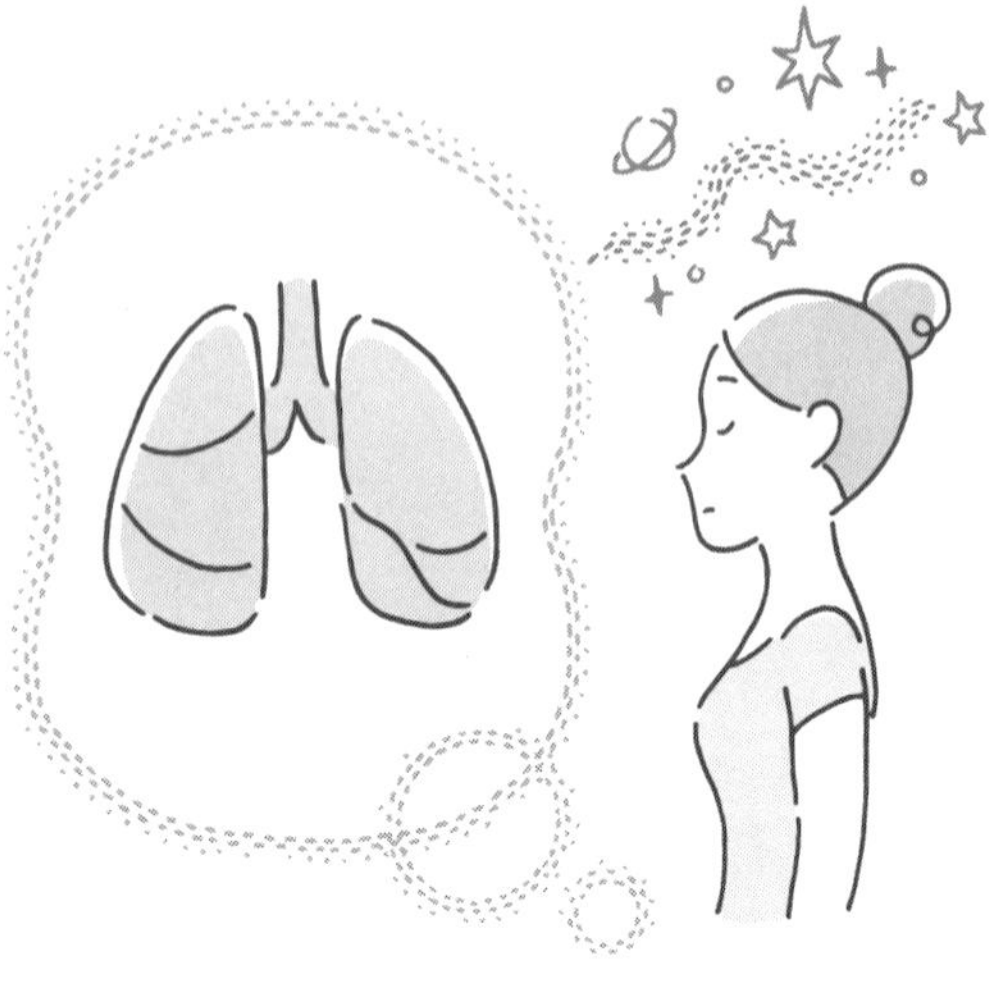

リングをしていくイメージもいい。また、美しい光や、必要だと感じる色や音やリズムを使ってもいい。ご自分の感覚に従ってクリーニングをしていきます。

肺の末端にある肺胞はテニスコート分の広さがあると言われています。そんな肺を隅々までイキイキと美しくなるイメージにしていきます。


肺が、十分に美しくなったと感じたら、肺を身体の内側、元あった場所に戻していきます。

そして、新しくなった肺と今の身体を馴染ませていきます。

眼のヒーリングワーク

最後に、「むき出しの臓器」とも言われている両眼のヒーリングを行っていきます。

眼のヒーリングを行う意図として、スピリチュアルな眼＝サードアイをさらに開いていくというものがあります。また、直観能力を高める目的もあります。


では再び、目をつぶってください。

呼吸をしていきます。

鼻から吸って、口から吐いていきます。

宇宙のエネルギーが身体、心、深くは魂に浸透していくイメージで行ってください。

十分に宇宙のエネルギーが浸透したと感じたら、イメージの中で自身の両眼を取り出して、ご自分の目の前に置くイメージを持ってください。身体の外側に出したイメージの状態でヒーリングをしていきます。

今、右眼と左眼はどのような状態ですか？クリアですか？視界が狭いですか？曇っていませんか？そこに対して目薬をさすイメージ、また必要だと感じる色を入れていくイメージ、手当て療法にてヒーリングをしていくイメージもいい。また、声をかけたくなったらかけてもいいです。サードアイに繋がる両眼を隅々まで癒していってください。

もう十分だと感じたら、両眼を身体の内側、元あった場所に戻していきます。そして、新しくなった両眼と今の身体を馴染ませていきます。

最後に今一度、腸と肺と両眼を感じていきます。感じられたら、戻る準備へと入っていきます。足の裏を感じてグランディングをしていきましょう。意識を目の裏側まで上げていき、ゆっくりと目を開けていきます。

あなたの臓器はどんな状態？

はーい、みなさんおかえりなさい！ いかがでしたか？

身体から切り離して自分の前に置くワークは、共感しながらも、俯瞰してみていくことができるようになるトレーニングにも繋がっているんですよ。

また、チャクラからみると腸は〝第3〟チャクラで、スピリチュアな眼は〝第3〟の眼と言われてます。この両方の〝3〟にも共通の何かが感じとれます。さらに東洋医学において、腸と肺は、「表裏関係」と言われています。色々と繋がっていますよね。

ではシェアを聞いていきましょう。

サキさんとカヨさん、いかがでしたか？

サキ「はい。私は、腸がとても黒く感じて驚きました。なので、イメージの中で内側を洗ってあげるヒーリングを行いました。肺はなんだか可愛く感じたのでハグをしてあげましたが、もっと長く丁寧にヒーリングをしてあげたいとも感じました」

カヨ「私はなんだか、全体を通して自分の子どもの頃の出来事を思い出していました。嫌な感じはなかったのですがクリアにしてあげたくなったので、涼しい風を送ってあげるイメージでヒーリングを行っていました」

ありがとうございます。

カヨさんの話は〝内臓に感情エネルギーが溜まる〟という分かりやすい事例ですね。カヨさんのように、臓器のヒーリングを行うとなぜか幼少期や過去の出来事を思い出したりする方は多いです。涼しいクリアな風を送り込んであげれたことはとても良かったと思います。臓器をヒーリングしながら、過去、インナーチャイルドのエネルギーも癒すことができましたね。

ノブコさん、リサさんはどうでしたか？

《 レッスン 》

ノブコ「腸のヒーリングの時は、なぜか胃にもヒーリングをしてあげたいと感じました。暴飲暴食をしている自覚があるので警告だと思います。肺はとてもキレイな状態で、オレンジ色の力を感じました。両眼は疲れているなぁ…休ませてあげようと思いました」

リサ「私はヴィジョンは何もみえませんでした。だけど、なぜか胃がキリキリして痛くなっていったかな。肝臓にもヒーリングをしてあげたくなりました」

お二人ともありがとうございました。

今回取り出していない臓器がイメージ上に出てくるということは、その臓器が「癒して〜」と手を上げて主張してくれているということです。ぜひ、同じ要領で他の臓器のヒーリングワークも行ってあげてくださいね。

また、こうしてグループでヒーリングのワークを行っている時は、誰かのシェアが自分にも深く関わっていることがよくあります。シェアを聞きながら、エンパシーの感覚をたくさん動かしていってください。エンパシーのトレーニングにもなります。

ちなみに私は以前、すべての臓器をヒーリングしたことがあります。終わった後は激しい目眩がして動けなくなりました。一気にエネルギーを動かしたので、大きな好転反応が起きたのだと思います。ひどい目眩でしたよ。

私のように一気に全部の臓器のヒーリングワークを行うことはあまりおすすめしませんが、気になる臓器から、ご自分のペースで続けていってみてください。身体と心のエネルギーとしっかり繋がっていきましょう。

自分そのものをあらわすエネルギー

では次は、〝名前〟を響かせていくワークを行っていきたいと思います。

対面でもオンラインでも、セラピーを行う際はクライアントさんのお名前を聞きますよね。私の場合は、名前の響きから共感がはじまることがよくあります。

名前って不思議ですよね。一般的には両親が考えてつけてくれるという認識があるかと思いますが、私は元々、自分自身が決めて生まれ出てくるのだと感じています。お腹にいる時に名前を考えていても、実際に生まれてきた赤ちゃんの顔をみたら、違う名前が浮かんだなんていう経験がある方もいるんじゃないでしょうか？


名前は自分の看板です。

自分そのもののエネルギーをあらわしていると言っても過言ではありません。


そんな〝名前〟のエネルギーを響かせていくこのヒーリングワークは強力です。

まずは体験していきましょう！

名前を響かせるヒーリングワーク

では再び、目をつぶってください。

呼吸をしていきます。鼻から吸って、口から吐きます。

宇宙のエネルギーが身体、心、魂に深く浸透していくイメージで行ってください。

宇宙のエネルギーが深く浸透したと感じたら、ご自身の名前を心の中で響かせていってください。何度も何度も何度も、響かせてください。

何かが浮かんだり聞こえたりみえたりしたら、決してそれをジャッジせず、感じたままに受け止めていってください。

もう十分と感じたらグランディングをしていきましょう。

足の裏を感じ、意識を目の裏側まで上げていき、ゆっくりと目を開けていきます。

丸ごと好きになれる感覚が生まれる

みなさん、おかえりなさい。

何か共感したことがあれば、ご自由にシェアをお願いします。

サキ「では私から。私は、太陽のイメージがみえました。そのイメージを感じたまま自分の名前を響かせていったら、サ（ア）キ（イ）、サキの中に〝アイ〟って言葉が入っていることに気がついて感動しました！」

《 レッスン 》

ノブコ「私、自分の名前が嫌いでした。なんだか古くさい感じがして…。だから、小さい頃からあだ名で呼んでもらう方が好きで。だけどこのヒーリングワークで自分の名前を響かせてみたら、〝あぁ私、この名前で良かったんだな〟ってしみじみ感じることができました。自分の名前をやっと受け入れることができているのかもと思いました」

サキさん、ノブコさん、ありがとうございます。

今、お二人が話してくれている時、共感しながら愛のエネルギーを感じました。

実は自分への愛が弱くなっている時って、自分の名前に違和感を感じたり、嫌いだったり、名前を変えたくなったり隠したくなったりするんです。

私も以前、〝愛子〟って名前が大嫌いでした。〝愛の子〟なんて恥ずかしいし重過ぎるなぁって思っていたし、何だか気持ち悪いって感じる時期もありました。でも今はこの〝愛子〟って名前が大好きです！

自分を愛する、受け入れることができるようになると、こんなふうに自分に対する見え方や感じ方も大きく変化していきます。

カヨ「私もノブコさんと同じです。なんかしっくりこないというか、名前を隠したい感覚があったというか…。でもさっき名前を響かせていったら、なんだか良い名前だなって、隠す必要なんてないんじゃないかな…って優しい気持ちになりました。まだ〝大好きな響き〟って感じではないですけどね」

カヨさん、ありがとうございます。良かったですね。

名前って様々な見方がありますよね。良い画数とか縁起の良い漢字とか。私も以前は色々な名前診断や占いが気になる時期がありましたが、自分を好きになったら「この画数だからダメなんだ〜」とか、そういう見方から卒業できるようになりました。自分を丸ごと好きになれる感覚が生まれると強くなれます。

まだリサさんに聞いていませんよね。リサさんはいかがでしたか？

《 レッスン 》

リサ「私は自分の名前を響かせている時、ターコイズカラーがみえました。美しいターコイズブルーのエネルギーを感じて、気持ちが良かったです。

正直に話すと、私、小さい頃から自分のことが大好きなんです。自分の名前も小さい頃から好きでした。だから、〝自己肯定感が低い〟とか〝自分が嫌い〟とか、そういう感覚がよく分からなくって…。〝自分？好きにきまってるやん！〟っていう絶対的な自信があります。

だけどこういう学びをはじめてから、〝私の愛って自分に向き過ぎてるんかな？〟って疑問を持つようにもなりました」


リサさん、素晴らしいです！

自分を好きだっていう確固たる感覚があるなんて、〝純粋な愛〟を受けながら育ったんだろうなって感じました。あと、過去生から自己愛についてクリアな人生だったんだと思います。

そしてそんなふうに〝自分に愛が向き過ぎているのかな？〟って疑問を持てるってこともすごく素敵だと思います。自愛を持ちつつ、他者へもその愛を向けていきたいというリサさんの慈愛のエネルギーを感じました。

そうやって自分のエネルギーを俯瞰できるようになると、〝中立のエネルギー〟に立ちやすくなると思います。〝自分が好きだから、それですべてOK〟とエネルギーが極に偏らずに、〝自分も大好きだけど、他者にもその愛を向けていきたい〟と思える。これこそが本当の自尊心ですよね。

この名前を響かせるヒーリングワークを行うと、自分自身のことをどう感じているかがよく分かります。エンパシーカウンセリングの中で行えば、クライアントさん自身も自分自身をどう捉えているかが分かりやすくなると思うので、おすすめです。

お互いがお互いを知るための鏡

では、次はパートナーシップについて感じていきたいと思います。

クライアントさんのお悩みの中で「自分を好きになれない」という感覚と、パートナーシップに関する問題はとても多いです。

〝パートナーシップ〟と聞いて、みなさんはどういう感覚がやってきますか？

Provided by セラピスト Bi-monthly

THERAPY WORLD Tokyo 2023

会場アクセス

東京都立産業貿易センター浜松町館

東京都港区海岸1-7-1　東京ポートシティ竹芝

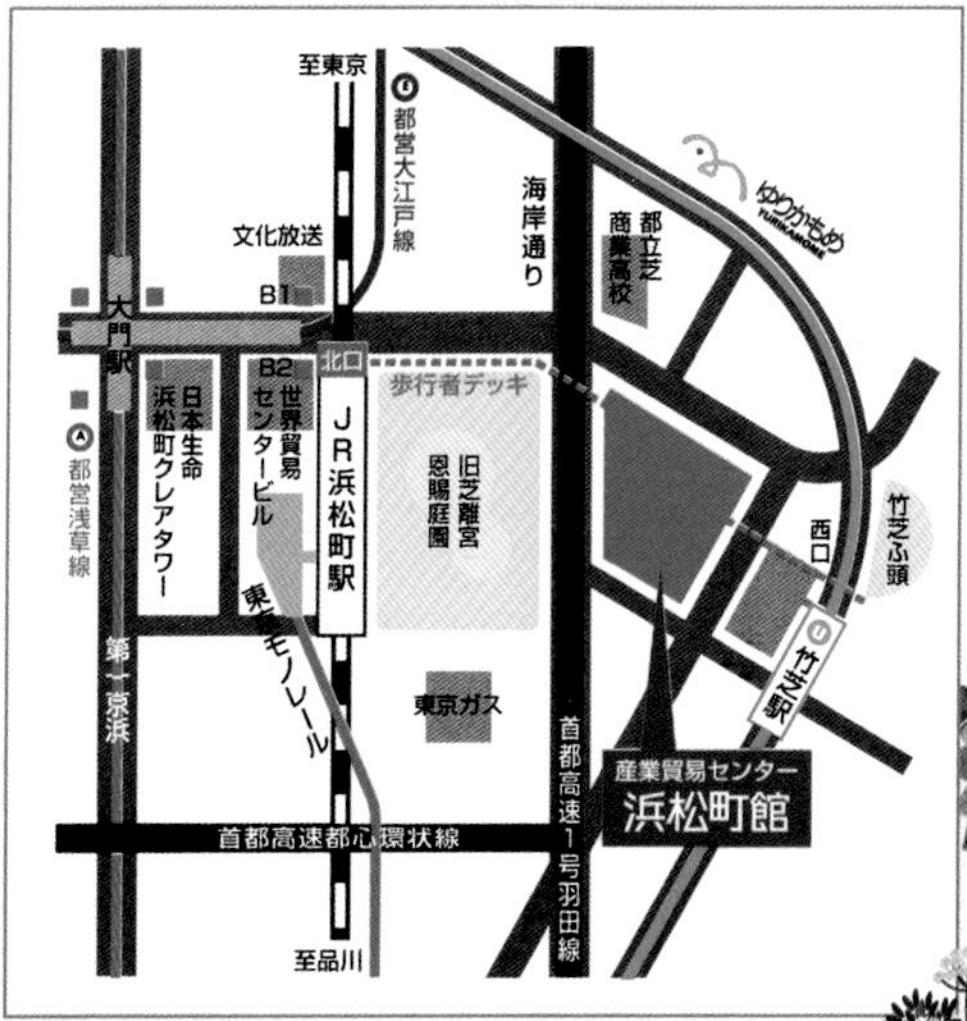

最寄り駅

- JR 浜松町駅北口から約350m（徒歩5分）
- 東京モノレール浜松町駅北口から約350m（徒歩5分）
- 新交通ゆりかもめ竹芝駅から約100m（徒歩2分）
- 都営浅草線・都営大江戸線大門駅から約450m（徒歩7分）
- 羽田空港から約30分

セラピーワールド東京　検索　https://therapyworld.jp

主催
「THERAPY WORLD Tokyo」EXPO事務局
（株）BABジャパン『セラピスト』内
〒151-0073 東京都渋谷区笹塚1-30-11中村ビル
TEL 03-3469-0135　MAIL expo@bab.co.jp

LINE

ピストのハートを体感！
できる、セラピーライフスタイル総合展

買う！
体験する！

新ゾーンも加わりパワーアップ！ショッピング、施術体験、商談etc.

アロマ、ハーブ、ボディワーク、ヒーリングなどのブースに「オーガニック＆ナチュラルコスメ」「和のセラピー（和精油・和ハーブ・和手技・和食）」などの新ゾーン登場！　マルシェでお買い物、ブースで施術体験＆商談ができます。

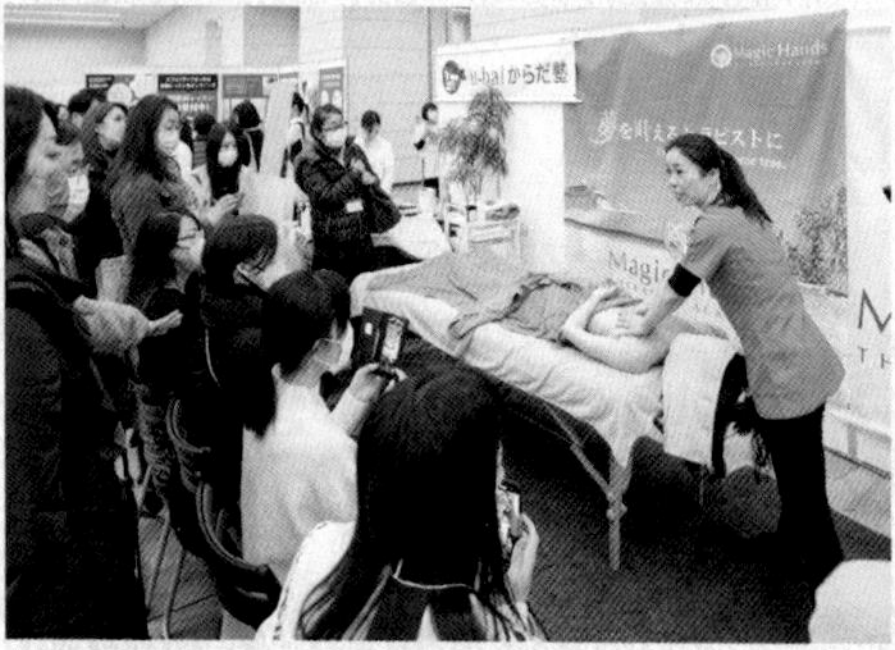

創る！
チャレンジ！

「豊穣の秋」をテーマに「アロマ＆ハーブ クラフトコンテスト」開催！

過去２度にわたり開催した「アロマ＆ハーブ クラフトコンテスト」。今回のテーマは「秋に贈りたい、飾りたいクラフト」です。ホームページよりご応募ください！　→

募集中！

セラピーのチカラ、セラ
4つのEXPOで、新たな出会いと発見が

学ぶ！成長する！

一流講師陣による60を超える特別セミナーと特別講演開催！

手技力アップのセミナーから、アロマ・ハーブ、メディカル、ビューティー、フード、オラクル＆タロットカードまで、約60の講座・講演を開催。2日間にわたり学びの場をご用意します。

主な講師陣 50音順

アカリ・リッピーさん　浅井隆彦さん　市野さおりさん　上原健志さん　内山友吾さん　エンジェルこまさん　太田奈月さん

小澤智子さん　小田ゆきさん　小野浩二さん　川上拓人さん　小林ケイさん　登石麻恭子さん　長島司さん　中島由美子さん

楢林佳津美さん　G・ボンファンティさん　前川珠代さん　円山カヲリさん　宮川明子さん　宮崎ますみさん　夜久ルミ子さん　Yukiさん

※3月7日現在の登壇予定講師

出会う！広がる！

仕事が見つかる！講師・生徒と出会えるビジネス・マッチングが実現！

セラピスト同士、出展社とセラピスト、サロンとセラピスト、サロンとお客さま、講師と生徒などなど、B to B、B to C、C to Cの、あらゆる出会いの場をご提供します。ビジネスマッチングの機会に、「セラピスト大交流会」をご活用ください！

セラピーライフスタイル総合展
THERAPY WORLD Tokyo 2023
セラピーが世界を変える
セラピストが未来を創る
第5回 発見！アロマ&ハーブEXPO
第2回 セラピー&ビューティー EXPO
フォーチュンセラピー EXPO
フードセラピー EXPO
みんなのマルシェ！
秋の大即売会
10/6㊎・7㊏ 10:00〜18:00
●会場 東京都立産業貿易センター浜松町館
毎年人気のセミナー、大即売会、マッサージ・占い体験、買い付け、商談、交流会に加えて、新たに「オーガニック＆ナチュラルコスメ」「和のセラピー」などの新ゾーン、マッチング、コンテストなどの新企画も開催！

セラピーを体感し、学び、購入することができる「セラピーライフスタイル総合展」です。

「入場事前登録」受付中！

入場料 1,000円（税込）

事前登録で入場無料＆特典付き

まずは素直な感覚でシェアしていきましょう。

リサ「は～い！私はすぐに旦那の顔が思い浮かび、モヤっとしました。パートナーシップの問題だけでなく、お金にまつわることでもあると思うんですが…」

リサさん、よければ話してください。

リサ「子どもの教育に関して、私は必要な分のお金は我慢せずに使ってあげたい派です。けれど旦那は真逆で…。子どもが可愛いから、だからしっかりお金を貯めていこう！って言うんです。さっきの名前を響かせるヒーリングワークの時、〝私は自分に愛が向き過ぎなんかな？〟ってシェアしたのは、実はこの問題に繋がっているんです。私は自分の感覚の方が正しいと感じるから、引けなくて。旦那も同じで、自分の方が絶対に正しいからって…。このことで険悪な雰囲気になることも多いんです」

ありがとうございます。内容は違えど、こういう感覚の違いって誰にでも起きますよね。

今、私がリサさんのお話を聞いていてエンパシーで感じたことは、〝リサさんはお金を稼ぐことに自信がある〟っていう強い感覚です。どうですか？

リサ「……はい、ありますね。根拠のない自信があるかも。使ったらその分、絶対に稼げるっていう自信が昔からあるし、実際に今までもそうなってきました」

それは、魂からの声ですね。

生まれ変わってくる時、やり残した課題を持ってくると共に、過去生から得意だったことも持って生まれてきます。リサさんは過去生でお金を稼ぐこと、お金にまつわることに関して相当色々とやってこられたんだと思います。根拠のない自信って、過去生から引き継いでいるものでもあるんです。

でも、じゃあなんで今悩んでいるのだと思いますか？

お金を稼ぐことはたくさんやってきたけど、そうではない部分でやり残したことがあるのだと思います。魂からのリベンジです。

私がエンパシーで感じたことは、過去生は男性で、稼いでいたけど〝パートナーシップ〟という面においては話し合ったりとか、相手を尊重するとか、そういう経験をあまりしてこなかったようなイメージです。

旦那さんがお金に対して真逆の観念を持っているっていうことは、リサさんと旦那さんで〝中立な立ち位置を探していく〟旅をしている最中なのかもしれません。旦那さんの倹約も良いことではあるけれど、必要な時に使えないとか、減るのがこわいっていう感覚が強ければ、何かがそこにありますよね。

パートナーって、お互いがお互いを知る鏡です。

自分と似た感覚や信念を持つ人と引き合うこともあるし、学ぶために真逆なこともある。今起きている出来事って、やっぱり自分自身の根っこをしっかりと成長させていく目的があって起きると思うんです。自分にない感覚を知る、学ぶ、向き合うってとてもしんどいけど「そういう感覚もあるんだ」って受け入れることができると、器が広がっていく。根がたくさん生えて土台が強化されていく。

でも言っておいてなんですが、パートナーシップのエネルギーと向き合うのは本当に本当に大変（笑）。過去生からの課題、両親から受け継いできたもの、自分の中の男性性、女性性のエネルギー、チャクラのエネルギーその他諸々、総動員してパートナーシップの信念を作りだしているので、とっても時間がかかります。さらに〝お金〟にまつわるエネルギーとも密接に繋がっています。

他のみなさんもパートナーシップに関して色々と感じることがありそうですね。

ではここで、パートナーシップのエネルギーを感じていくヒーリングワークを行っていきたいと思います。

先ほどの自分の名前を響かせていくヒーリングワークに、パートナーの名前も足していきましょう。そしてパートナーと向き合っている状態を目の前にイメージさせて、必要なメッセージを受け取っていきましょう。

今、特定のパートナーがいない方は〝パートナーシップ〟という言葉を聞いて湧いてくるイメージを感じながら行ってみてください。

パートナーシップを感じるヒーリングワーク

では目をつぶってください。

呼吸をしていきます。鼻から吸って、口から吐きます。

宇宙のエネルギーが身体、心、魂に深く浸透していくイメージで行ってください。

宇宙のエネルギーが深く浸透したと感じたら、ご自身の名前を心の中で響かせていってください。何度も何度も響かせて、心の底から宇宙のエネルギーを感じるイメージを持ってください。


次に、パートナーの名前を3回、響かせていきます。

ゆっくり、丁寧に響かせてください。


3回響かせたら、自分のエネルギーとパートナーのエネルギーを、自分の目の前に向い合わせで配置するイメージを持ってください。そしてエネルギー同士が目を合わせる、手を繋ぐ、ハグをする…というようなイメージに変容させていきます。

また同時に、2人のいる空間を宇宙のエネルギーで満たし、癒していくイメージを持ちます。

パートナーとの空間は心地よく感じますか?

あるいは、何かしらのヴィジョンが浮かんだり、記憶がよみがえってくるような感覚がやってくるかもしれません。

もしくは怒り、恨み、嫌悪、絶望……このような感覚がやってくるかもしれません。

このような感情が出てきたら時間をかけて大丈夫なので、すべて宇宙に引き取ってもらいましょう。パートナーとの空間を、宇宙の愛のエネルギーで包んでいきます。

そして、宇宙へ問いかけましょう。

「私たちの出会いには、どういった意味がありますか？」

どんなメッセージがやってきても、ジャッジは不要です。感じるままに、受け取っていきましょう。

メッセージを受け取ったら、２人の出会いに感謝していきます。パートナーへの感謝の言葉を実際に口に出して伝えていきましょう。

では今一度、ハートへ意識を向けていきます。

最後にもう一度だけ、ご自分の名前を響かせていきます。そして、足の裏を感じてグランディングをしていきましょう。意識を目の裏側まで上げていき、ゆっくりと目を開けてください。

怒りがとけていく愛

みなさん、お疲れさまでした。いかがでしたか？

リサ「自分の名前を響かせた時は、またターコイズブルーがみえました。で、旦那の名前を響かせた時は、とっても濃いターコイズブルーがみえました。2人のエネルギーを宇宙の愛で満たしていくイメージを持ったら、万華鏡みたいにターコイズブルーの光が放射していきました。美しかったです」

ありがとうございます。

リサさんと旦那さんでターコイズのカラーがみえたということは、根が一緒なんでしょうね。根は同じだけど、カラーが微妙に違う。そこにも色々なメッセージが込められていると思いますよ。二人で旅を進めていってくださいね。

ノブコ「私はとても心地よく感じて驚きました。旦那とは喧嘩をすることも多いのでどうかな？って思っていましたが、向き合えたし、すぐに心地よい宇宙のエネルギーで満たされていきました」

はい、ありがとうございます。

ノブコさんの話を聞きながら、私もピュアなイメージを感じました。そして、幼なじみのような関係の過去生を持つ2人の姿がみえました。同士みたいな感じです。

ノブコ「その感覚、すごくよく分かります。一緒にいて居心地はとてもよいのですが、お互いに勝ちたくなっちゃうというか、譲れなくなることがよくあって…」

お二人は、似た者同士のエネルギーで引き合っているんでしょうね。だけどその中で、勝敗を決めたくなったり、優劣を決めたくなる。これ、今生のお二人のパートナーシップの課題かもしれませんね。

カヨ「私は、パートナーの胸ぐらを掴んですごい激怒している姿がみえました。私と旦那さんは水と油みたいに何もかもが正反対なんです。だから、〝分かり合えない〟っていう感覚になることも多くて。でもヒーリングの途中で〝白か黒かではないんだよ〟っていうメッセージがやってきて、だんだん怒りが消えていく感覚がやってきました。

何ていうか…この男性への怒りって私だけのものというより、先祖代々受け継いできた女性たちの男性への怒りや、男尊女卑への怒りのような気もするんです。私、この感覚を強烈に持っていて、男性自体への強い怒りを感じることがこれまでにも多くありました。だけど少しずつそれがとけて、本当に徐々にですがあたたかくなっていくイメージがありました」

……カヨさんの話を聞いていて、とても深い愛のエネルギーを感じました。

愛にも色々あるけれど、こんなふうに大きな怒りがとけていくことこそ、まさに〝愛〟以外の何ものでもないんじゃないかと私は思うんです。ゆるす、受け入れるって本当に難しい作業ですから。ちなみに怒りは「第2次の感情」とも言われていますよね。

カヨさん、今とても大切なステージにきていると思うので、しばらくこの2人の名前を響かせるヒーリングワークを続けてみてくださいね。

サキ「私はオレンジの色がみえて、しばらくしたらお侍さんがみえました。父が侍で、私はその弟子の侍と結婚したっていう鮮明なヴィジョンがみえました」

それは間違いなく過去生ですね。そのヴィジョンがみえてどんな感覚だったか、良い感じがしたのかその逆か、そしてそのヴィジョンが今のサキさんにどんなメッセージを送っているのか、そこまでご自身で感じていってみてくださいね。

エネルギーをどんどん動かしていこう!

立て続けにヒーリングワークを行いました。エンパシーカウンセリングでは施術を行わないので、カウンセリングやヒーリングワークでクライアントさんのエネルギーをどんどん動かしていってください。

臓器のヒーリングワークでは主に身体と心、そして名前を響かせるヒーリングワーク、パートナーシップを感じるヒーリングワークでは主に魂の部分と共感しやすかったのではないかなと思います。

クライアントさんが話される時には、クライアントさんの声のエネルギーに共感するイメージを持ち、何か感じたらそれをクライアントさんに伝えて、またクライアントさんから出て来る言葉を聞いて共感して…を繰り返して、癒しを進めていってください。

では最後に、精油のエネルギーと共感して宇宙と繋がって、必要なメッセージを受け取ることができるヒーリングワークを行っていきましょう。今回は〝ローズウッド〟です。

ローズウッドのヒーリングワーク

宇宙のエネルギーと共に、ローズウッドのエネルギーをハートに送ります。

それを受け取ってそのエネルギーを膨らまして、ローズウッドからのメッセージを受け取ってください。

まずは、目を閉じてください。

そして、呼吸を感じていきます。

鼻から吸って、口から吐いて…。

ローズウッド（*Aniba rosaeodora* クスノキ科）

☆エンパシーで感じるワード

『愛の精霊、慈愛、自愛、優しさ、
ハートからの深いリラックス』

木部の水蒸気蒸留法。現在、木部から抽出される精油は原料の乱獲により入手困難になっている。バラのような甘い香りと、樹木の透き通ったウッディ系の香り。

〔**心身への働きかけ**〕ストレスをやわらげあたたかい気持ちにさせる、風邪、インフルエンザ、気管支炎、アトピー性皮膚炎、手荒れ、シミ・シワのケア、皮膚の老化防止…etc.

《 レッスン 》

呼吸を繰り返しながら宇宙のエネルギーを吸って、自身の中から様々なネガティブなエネルギーを宇宙に還して…というイメージを持ってください。

〝ローズウッド〟という言葉を響かせていってください。大いなる宇宙のエネルギーを感じてローズウッドと繋がっていきます。ローズウッドのイメージを心に置いてもいいし、喉に置きたくなったら置いてもいい。繰り返し〝ローズウッド〟と言葉を響かせてもいい。ローズウッドのエネルギーで癒されている自分自身を感じていきます。

両手をハートに持っていきます。

ハートを通じて、宇宙に「今、私に必要なメッセージをください」と投げかけて、必要なメッセージを受け取っていきます。メッセージは音や言葉で聞いたり、身体の声で来たり、イメージで感じてもいい。来るものをそのまま受け取っていきます。

何らかのメッセージを受け取ったら、戻る準備へと入っていきます。

足の裏を感じてグランディングをしていきましょう。意識を目の裏側まで上げていき、ゆっくりと目を開けていきます。

信じて口に出すことがトレーニングになる

はい、みなさん。

ローズウッドのエネルギーはいかがでしたか?

乱獲により希少精油になってしまいましたが、ローズウッドの香りを好きな女性はとても多く、ハートチャクラに深く働きかけてくれる精油です。

敢えて嗅覚を使わずに、精油そのもののエネルギーを感じるヒーリングワークでしたが、感じたことをシェアしてください。感じたことを信じて口に出すことが、エンパシーの一番のトレーニングになります。

カヨ「はい。私はローズウッドのエネルギーを感じながら、〝NOはNOだ〟っていう勇気が湧いてくるような言葉が聞こえました。嫌なことはしっかりと相手に伝え、だけどそこで関係は終わりではなくて、そこからまた新たに構築されていく関係性を信頼していこう、という気持ちになりました」

ノブコ「水色がみえました。喉がイガイガして、喉の詰まりを感じました。そして〝声を使っていこう〟というメッセージを受け取りました。第五チャクラのエネルギーが滞っているような気がします。まずは自分自身としっかりコミニュケーションをとりたいと感じました」

サキ「私は光の中にいる赤ちゃんがみえました。神々しくって、神聖な感覚ってこういう感じなのかな？と思いました。その後は自分が樹になっているような体感がやってきて、息を吸うたびに根や葉がのびていく気持ち良さがありました」

リサ「子宮と頭の奥に響きを感じて、今、自分が〝やりたい！〟と考えている事業を後押ししてくれるような声が聞こえました」

みなさん、すごく素敵なメッセージを受け取りましたね。しっかりローズウッドのエネルギーと共感できていると思います。この繋がっている感覚を忘れないでください。

これからも臓器のヒーリングワーク、名前を響かせるワーク、そしてこの精油のヒーリングワークを続けていって、自身の変化を感じていってくださいね。

《解説》

変化していくセラピーの形

ここからはまた、解説を入れていきたいと思います。

レッスン3では、エンパシーカウンセリングについてお伝えしました。

エンパシーカウンセリングはオンライン上でのセラピーを目的としています。

レッスン1と2でお伝えしたエンパシーアロママッサージのように実際にクライアントさんに触れていく施術は行いませんが、クライアントさんの声に共感して癒しを進めていく、⑤ハート聴覚派の共感になります。

エンパシーアロママッサージのように相手に触れたり、同じ空間を共有すると、身体、心、魂のエンパシーは起きやすくなります。けれども逆に、エンパシーカウンセリングのように物理的な距離をおいた方が冷静にエネルギーに共感でき、俯瞰することができるクライアン

トさんもいます。この感覚の違いもぜひ、体感していってください。

また、中には身体に触れられる施術に抵抗を感じる方もいて、これまでにもまずはエンパシーカウンセリングで信頼関係を築いてから、対面のエンパシーアロママッサージを受けに来られる方もいました。海外にお住まいのクライアントさんも、日本に帰国された時だけサロンに足を運んでくださる方々もいます。

私がセラピストを目指した20年前には、今のようにオンライン上でセラピーが提供できるようになるなんて想像もつかなかったです。これからもどんどん変化していくと思いますが、身体、心、魂は人間のすべてです。この3つのバランスを大切にしたセラピーをどんな形であれ、提供し続けていくことが重要になっていくと感じています。

声が変わるとエネルギーが変わる！

エンパシーカウンセリングは、クライアントさんの声に共感していくとお伝えしました。電話で話す時もそうですが、声から伝わるものって大きいですよね。お顔は見えていなくても、その方の状態が確かに伝わってきます。

最近はオンライン上での講座やワークが盛んに行われるようになったので、後日、録画配信などでご自身の声を耳にする機会も増えたのではないでしょうか。

その声を聞いてみて、「あれ？」と違和感を感じることがあるかもしれません。

自分が思っているより何だが表面的な声質だったり、「～ですよね？」「～で大丈夫ですよね？」と相手の承認を重要視していたり、思っていることが伝えきれていなかったり。逆に上手く伝えられていないと恥ずかしさを感じながらもシェアをしている時の方が、声が大地にしっかりグランディングしているように聞こえたり。

声には、その時のエネルギーの状態がよくあらわれています。

エンパシーカウンセリングを行うと、エンパシーアロママッサージと同じく、自分の身体でクライアントさんの身体や心の状態を感じたり、直観で分かったり、魂のエネルギーからのメッセージが聞こえたりします。共感したことを信じて、クライアントさんに伝えて癒しを進めていってください。

エンパシーカウンセリングを深めていくと、自身の声質が変わっていくのも実感していくと思います。自分の声に自身のエネルギーをしっかり乗せて伝えるトレーニングにもなっているので、説得力がある声質に変化していくのです。まずは録画で自分の声を聞いて、その声に共感して自身の癒しを進めていくセルフヒーリングワークを行うのもおすすめです。

また、エンパシーカウンセリングのセッション中に、喉の違和感を感じることも多く起こり得ます。これはクライアントさんの第5チャクラが手を挙げてくれている合図であることが多いです。そんな時は前にも伝えましたが、「今、私は喉に違和感を感じているのですが、何か伝えたいことはありますか？」とクライアントさんに質問してみる絶好のチャンスです。魂からの声が出てくる可能性が高いので、そこからまた共感を広げていってください。

逆に、喉や胸にネガティブな重苦しさを感じた時は、私の場合は〝境界線に注意〟という警告であることがあります。自分自身で感じたり決断することが極度に恐くなってしまっている状態のクライアントさんは、セラピスト側にすべてを決めてもらおうとしてくることがあります。ここで相手の思考力を奪ってしまうと、依存の関係性に陥る可能性があります。

こういう時は例えば「今、私はこんなヴィジョンがみえたのですが、〇〇さんはこれを聞いてどうですか？どんな感じがしますか？どんな小さなことでもよいので、教えてください」

といつも以上に、クライアントさん自身が自分を導く形にもっていくよう意識しましょう。

クライアントさんの答えは、クライアントさんが自分で見つけていくしかありません。魂のリベンジは、自分でしていくしかないのです。

セラピストはサポートが役目で、誰もクライアントさんの代わりを行ってあげることはできません。これまでの経験から、セラピストが過剰にやり過ぎたり、逆に〝これは相手の問題だから関係ない〟と境界線を引き過ぎてしまっても、良いセラピーの循環は起きないなぁと実感しています。

レッスン2の解説でお伝えしましたが、相手を受け入れる女性性の質と、しっかりと伝えていく男性性の質がセラピストには必須です。

私は困った時は、大いなる宇宙と繋がる感覚をさらに強く持つようにしています。〝宇宙はみてくれている〟と感じることができると、良い方向へと流れていくことがとても多いです。

大いなるチャクラの癒し

ここからは、エンパシーアロママッサージ、エンパシーカウンセリングの助けになる〝チャクラ〟のエネルギーについて少しだけお伝えしていこうと思います。
チャクラの概念と第1チャクラについては、レッスン2の中でお話ししました。チャクラは古代から伝承されている叡智で、主に身体、そして心・魂にも関係の深いものだと、頭頂上から尾骨までを繋ぐ8つのチャクラがあります。この各エネルギーがうまく動いていなかったり、ズレたりオーラが裂けたりしていると、身体、心、魂のエネルギーがうまく循環せず不調和が起きます。

エンパシーを行うと、前述の通り様々なエネルギーを感じます。過去生、インナーチャイルド、男性性と女性性、その他諸々…様々な魂の領域からのメッセージやヴィジョンを感じますが、チャクラのエネルギーはそのすべてに関わっています。なので、チャクラのエネルギーを整えることができるようになると、芋づる式に癒しが起きやすくなります。

第1チャクラはお伝えしてあるので、第2チャクラからざっと紹介します。
第2チャクラは下腹から臍にかけて（生殖器付近）位置し、シンボルカラーはオレンジ色。ここはインナーチャイルドからくる感情、人間関係やセクシャリティ（性）に関する信念などと関わっています。

第3チャクラは太陽神経叢（みぞおち、腹部付近）にあり、カラーは黄色。〝自我の座〟とも言われ、自分の足で立ち責任を果たしているか、自己尊重などです。社会に自分を合わせ過ぎて自己を抑制している場合は、ここにネガティブな感情が溜まっていきます。

第4チャクラは胸の中心部にあり、カラーは緑色。自己愛や他者への愛、ゆるしや受け入れること、「心のままに進む」ことへの恐れなどと関わっています。

第5チャクラは喉で、色は水色。コミュニケーションや自己表現、他者との関わりなどを司っています。魂の青写真がある場所でもあり、今生で果たすべき使命や役割も眠っています。

第6チャクラは眉間に位置し、色は藍色。直観で何かを感じたり、真理が分かったり、第三の眼とも言われています。ここが不安定だと、宇宙と繋がる感覚を持てません。

第7チャクラは頭頂部にあり、色は紫色。ここは霊的なエネルギーと深く関わっています。宇宙とどう関わっているか、どう認識しているか、どのように繋がっているか…。

《 解説 》

⑧
マゼンタ　女性性
神と交わした大いなる約束
マジョラム
「聖なる契り」
⑦
紫色　男性性
一体意識、すべてとの繋がりetc.
フランキンセンス、ラベンダー
「今という瞬間に生きよ」
⑥
藍色　女性性
直観力、閃き、霊的覚醒etc.
ミルラ、ローズマリー
「真理のみを求めよ」
⑤
水色　男性性
自己表現、コミュニケーション、
魂からの声　etc.
サイプレス、ジュニパー
「個を捨て、
神なるものの意志に従うべし」
④
緑色　女性性
感情の中心、自他への愛情、
安らぎ、信頼etc.
ローズウッド、スパイクナード
「愛は神なる力」
③
黄色　男性性
自我の座、力、強さetc.
サンダルウッド、イランイラン
「自分を尊重せよ」
②
オレンジ色　女性性
インナーチャイルド、生きる喜び、
セクシャリティetc.
カモマイルローマン、オレンジスィート
「互いを尊重せよ」
①
赤色　男性性
生命力、お金、家族etc.
パチュリ
「すべてはひとつなり」

そして第8チャクラは両腕を伸ばした頭頂上にあり、マゼンタ色。ここには「聖なる契り」のエネルギーがあり、私たち一人ひとりの魂が宇宙と交わした〝大いなる約束〟が眠る場所です。ここのエネルギーを目覚めさせ、整えていくことも、魂のエネルギーを癒し大きく成長させていくことに繋がっていきます。

また、チャクラのエネルギーは男性性、女性性のエネルギーとも深く関わっていて、1・3・5・7は男性性、2・4・6・8は女性性のエネルギーだと感じています。

男性性や女性性の課題、各チャクラに関わる身体の部位やテーマ、色のヴィジョンやメッセージがみえたり聞こえたり感じたら、チャクラを整えるチャンスです。前ページの表の各チャクラに対応している精油を実際に使ったり、精油のエネルギーを感じるヒーリングワーク、次のレッスン4で紹介するヒーリングワークでも整えることができます。ぜひ試してください。けれども表はあくまでも参考であり、大切なのはやはり直観です。

さらにチャクラに関することを知りたいと感じたならば、チャクラに共感している証拠。ぜひもっともっとチャクラの叡智を深めていってくださいね。

Point

◉エンパシーカウンセリングとは？

★主にオンライン上で行うエンパシーを用いたセラピー
★エンパシーの種類では、⑤ハート聴覚派にあたる
★クライアントの声のエネルギーに共感し、身体・心・魂のエネルギーの癒しを進める

◉エンパシーカウンセリングを行うと…

★セラピストの声の質が変化する。説得力のある声のエネルギーになる
★潜在意識の領域がクリーニングされ、宇宙と繋がるゲートの幅が広がる。宇宙のゲートの幅が広がると、宇宙からのサポートがたくさん受けとれるようになる

◉カウンセリングの方法

★クライアントの主訴を聞き、カウンセリングやヒーリングワークでクライアントのエネルギーを動かしていく
★身体と心のエネルギーと繋がりやすい「臓器と繋がるヒーリングワーク」、魂の領域と繋がりやすい「名前を響かせるヒーリングワーク」、精油のエネルギーと繋がるヒーリングワークなどがおすすめ

Column
過去生Talk❸

パートナーシップの課題

レッスン３では、パートナーシップのエネルギーを感じるワークを行いました。私は父性にまつわる課題があると自覚していますから、パートナーシップにも解消すべき諸々があることも覚悟しています。

これまでにみえた過去生の中に、三角関係の末、相手の女性を貶めてしまった、また、今と同じ女性だった時代に、通り魔のような男性に刺され命を落としたというネガティブなものもあります。これらから感じることは、真のパートナーシップを求めていながら深い恐怖があり、奥底ではそれを受け入れていなかったことです。他にも娼婦と恋愛関係になり、娼婦を通じて資産家と知り合ったという男性の過去生もあります。男性は資産家から財産を受け継ぐことになり、そのお金で伝染病対策を行い、社会貢献を成し遂げました。

今、私には娘たちが成人後にお付き合いをすることになった海外在住のパートナーがいます。私は父性、彼は母性に対して課題があり、共に育むということを日々の中で行っています。良いことばかりではないですが、ふとした時に安心する、そんな絆が紡がれている感覚があります。癒しで得た気づきを現実で実践していく。それが魂からの祝福になると実感しています。

Lesson 4

エンパシーヒーリングワーク

エンパシーの感度を上げるために

レッスンの最後となるこのレッスン4では、読者のみなさまに多くのヒーリングワークを紹介していこうと思います。

エンパシーの精度を高め、感度や質を上げるには、自分の身体、心、魂のエネルギーとしっかり繋がり、癒しを進めて宇宙のゲートの幅を広げていく必要があります。この感覚が開拓されていくと、レッスン3でお伝えした第8チャクラのエネルギーもしっかり機能していくようになります。

第8チャクラにあるのは、〝聖なる契り〟です。すべての人が、過去、今、未来をかけて成し遂げる宇宙との約束が眠っています。ご自身は、宇宙とどんな約束を交わしていると感じますか？私たち人間は小宇宙、大いなる宇宙は大宇宙です。

また、大いなる宇宙を感じることにも深い意味があります。

私たち日本人は海外と比べると、暮らしに宗教的な感覚が浸透していないですよね。絶対的に信仰している神様を持つ人は少ないように思います。だからこそ神様を信じることが難しく感じたり、その逆に妄信的に信じてしまうというようなことが起こるのかもしれません。

私が本書でお伝えしている宇宙。呼び名は、大いなる存在でも、神様でも、サムシンググレートでも何でも構いません。これらは、特定の宗教とは関係ありません。この世を形作っている、人の思考を超えた大いなる存在のことを指しています。

赤ちゃんから思春期までは、この存在を明確にではなくとも、どこかで常に感じることができているように思います。公園で出会う花や鳥の中に、海や森の中に、おとぎ話や民話の中に…。けれど大人になるにつれ、この存在と遠く隔たり、忘れさってしまう感覚になることも多いのではないかと思うのです。

私自身の経験からも、そうなった時に人は、耐え難い孤独や不安感、抱えきれないほどの恐怖、常に慌ただしい感じ、生の感覚が希薄…といった感覚に陥ると感じています。

今、若年層から心身の不調を感じる人が増えているようです。もしかしたら子ども時代の遊びや成長を取り巻く環境が、以前とは変わってきてしまったからなのかもしれない…とも思います。そうだとしたら、私たち大人が向き合うべき課題ですね。

大いなる宇宙がもたらしてくれるものは、大きな大きな安心感。それは、五感すべてを満たしてくれるものです。

日本人は〝八百万の神〟と言って、すべてのものの中に神、宇宙を見出してきましたよね。だから私たちは本来、この感覚を間違いなく知っています。またこの感覚は、日本だけでなく世界共通のものです。

この感覚を感じることができるようになると、〝相手からもらってしまう〟という侵入する、される恐怖や、誰かに依存していないと生きていけないというような、エネルギー不足だと感じる状態からも解放されると私は思っています。

では早速、ヒーリングワークを行っていきましょう！

インナーサークルヒーリング

それでは、まずは過去生を輪にしていくヒーリングワークを行います。

まず、ゆっくりと目を閉じてください。そして、呼吸を感じていきます。

鼻から吸って、口から吐いて…呼吸を繰り返しながら宇宙のエネルギーを吸って、自身の中から様々なネガティブなエネルギーを宇宙に還して…というイメージを持ってください。

では、各チャクラのエネルギーの花を開いていきます。

チャクラは蓮の花で描かれていることが多いです。美しい蓮の花を咲かせるイメージを持ってください。８チャクラから順に行っていきます。

８チャクラは頭頂上、両手を伸ばした20～30㎝上のところにあります。ここにマゼンタ色のチャクラの蓮の花が咲いていきます。

７チャクラは頭頂。頭頂に紫色の蓮の花が咲いていきます。

6チャクラは眉間。眉間に藍色（濃い青）の蓮の花が咲いていきます。

5チャクラは喉。喉に水色の蓮の花が咲いていきます。

4チャクラは胸。ハートに緑色の蓮の花が咲いていきます。

3チャクラはみぞおち（お腹付近）。みぞおちに黄色の蓮の花が咲いていきます。

2チャクラは下腹から臍（生殖器付近）。ここにオレンジ色の蓮の花が咲いていきます。

最後は1チャクラ。尾骨の基底部に、赤い色の蓮の花が咲いていきます。


8つのチャクラの花が美しく咲きました。

その状態を心の眼でみていく、また感じていきます。この8つの蓮の花が開いている状態、それが宇宙との通路、パイプを創っている状態です。そして、そこを通じて宇宙のエネルギーが身体、心、深くは魂に届いてる、循環しているイメージをとっていきます。また心の中で「宇宙のエネルギーが私の身体、心、魂へと届いています」と唱えてもいいでしょう。

そしてご自身の目の前に、ゴールドの輝かしい扉がそびえ立っているのをイメージしていきます。

それは、過去生の世界へと繋がる扉です。その扉を開けると、螺旋状の下り階段がみえてきます。数を10から0まで、ゆっくりカウントしながらその階段を降りていくイメージをとってきます。10、9、8、7、6、5、4、3、2、1、0…。

階段を降りるとその先に、過去生の世界が広がっていきます。

あなたがこれまで生きてきた様々な過去生のエネルギーです。みえるもの、聞こえるもの、感じるもの、それらをそのまま感じていきます。

様々な過去生らと繋がっている（感じている）状態で、なんらかの〝不調和〟を感じたら、大いなる宇宙のエネルギーとさらに繋がるイメージをとる、または大きくゆっくりと深呼吸を行い、そのエネルギーで不調和が溶けていくイメージをとっていきます。

大いなる宇宙のエネルギーは、あなたの全身を包んでくれます。

そしてその宇宙のエネルギーが、過去生からの不調和を癒していきます。ゆっくりじっくりと、その癒しのエネルギーが過去生へと浸透していきます。その癒しがもう十分だと感じたら、その様々な過去生のエネルギーがひとつのサークルを創るイメージを持ってください。

ガイアと過去生を癒すヒーリングワーク

過去生のサークルを感じながら、続いて、ガイアと過去生を癒すヒーリングワークを行っていきます。

まず、あなたの眼の前に〝地球〟をイメージさせてください。地球とエンパシーしていく感覚を持ってください。

どんな地球がみえますか？ どんな地球を感じますか？

地球にも魂があって、その魂は〝ガイア〟と呼ばれています。今度はその地球の魂〝ガイア〟に、大いなる宇宙のエネルギーを送っていきます。大いなる宇宙の癒しのエネルギーが、ガイアに浸透していくイメージをとってきます。

ここで、再度自分の意識を向け、過去生のサークルを感じていきながら、大いなる宇宙のエネルギーを感じていきます。自分の頭からつま先、胸の奥から手の指先まで宇宙のエネルギーで満たされていきます。そして、そのエネルギーをガイアへと届けていきます。ここからも、ガイアを深く深く癒していきます。

ガイアがエネルギーで満たされたと感じたら、「今、私に必要なメッセージをください」と問いかけていきます。

そのメッセージは、あなたへの個人的なものかもしれないし、地球全体に繋がるものかもしれません。今、ガイアからあなたにメッセージが届けられます。

音や言葉が聞こえるかもしれないし、何らかのイメージがくるかもしれません。感じるままに、そのまま受け取ってください。

受け取ったと感じたら両手をハートに置いて、過去生のサークルとガイアに感謝の気持ちを伝えましょう。そして、ハートがあたたかくなったのを感じていきます。

今ここへと、戻っていきます。足の裏を感じてグランディングをし、意識を目の裏側まで上げていき、ゆっくりと目を開いていきます。

ガイアと私たちは繋がっている

どうでしたか？

自身の過去生、そして地球の魂〝ガイア〟に共感し、癒していくヒーリングワークでした。

過去生を感じた時、今生にまつわる様々なイメージがみえたかと思います。

過去生は行うたびに違うものが出てくるかもしれないし、同じものが出てくることもあります。一度ですべてが癒されるということは中々ないので、何度も行ってみてください。

ガイアからはどんなメッセージをもらいましたか？

そのメッセージは自分自身だけでなく、地球全体に関わることだとも思ってください。どんな小さなことでも、そのメッセージに共感し、俯瞰し、どう現実世界に活かしていったらよいか考え、アクションしていってください。

私たちはすべて繋がっています。自分自身が癒されるとガイアも癒されていきます。ガイアが癒されると、私たちも癒されていきます。

ローズマリーのヒーリングワーク

では、次は精油のエネルギーと繋がるヒーリングワークを行います。今回は〝ローズマリー〟精油を用いていきます。

宇宙のエネルギーと共に、ローズマリーのエネルギーをみなさんのハートに送ります。それを受け取って、そのエネルギーを膨らまして、ローズマリーからのメッセージを受け取ってください。

まずは、目を閉じてください。
そして、呼吸を感じていきます。
鼻から吸って、口から吐いて…。

ローズマリー（*Rosemarinus officinalis* シソ科）

☆エンパシーで感じるワード
『希望に満ち溢れる時、脳内開花、神聖な扉、無限の可能性、精霊の寄り添い、私をみて』

学名には「海のしずく」という意味があり、木質化する常緑の低木で美しいブルーの花を咲かせる。フレッシュでクリアなハーブ系の強い香り。先端部の花や葉の水蒸気蒸留法で抽出される。

〔**心身への働きかけ**〕集中力アップ、リフレッシュ、鎮痛、血行促進、抗菌、虫除け…etc.

呼吸を繰り返しながら、宇宙のエネルギーを吸って、自身の中から様々なネガティブなエネルギーを宇宙に還して…というイメージを持ってください。

〝ローズマリー〟という言葉を響かせていってください。大いなる宇宙のエネルギーを感じて、ローズマリーと繋がっていきます。

ローズマリーのイメージを心に置いてもいいし、脳や目、また、覚醒に関わる松果体や延髄などに置きたくなったら置いてもいい。繰り返し〝ローズマリー〟と言葉を響かせてもいい。ローズマリーのエネルギーで癒されている自分自身を感じていきます。

両手をハートに持っていきます。

ハートを通じて、宇宙に「今、私に必要なメッセージをください」と投げかけて、必要なメッセージを受け取っていきます。メッセージは、ヴィジョンでみてもいいし、また言葉で聞いたり、イメージで感じてもいい。来るものをそのまま受け取っていきます。

何らかのメッセージを受け取ったら戻る準備へと入ります。足の裏を感じて、グランディングをしていきましょう。意識を目の裏側まで上げていき、ゆっくりと目を開けていきます。

ローズマリー精油のエネルギー

おかえりなさい。ローズマリーのエネルギーにどんなものを感じましたか?

ローズマリーはとても強力な精油です。強い恐怖や不安に襲われた時、何もかも信じることができないような心境になっている時などにも使うと、大いなる宇宙の存在や繋がりを思い出させてくれます。ぜひ、定期的にローズマリーのエネルギーと共感してみてくださいね。

次は、本書で何度も出てきた〝男性性〟と〝女性性〟の質を癒すヒーリングワークを紹介します。実際の性別とは別に、誰もがこの2つの相反する質を併せ持っています。

行動を促す能動性の質、男性性。
受け入れ、受容する質、女性性。

どちらも相手に共感し、俯瞰してアクションを起こしていく〝エンパシー〟に大切な質です。
どちらかが弱っていたり過剰だと、様々な不調和が起きます。この2つの質を整えていくチャクラのヒーリングワークを行ってみましょう。

聖なる男性性と女性性を整えるヒーリングワーク

では、まずは男性性のエネルギーを整えるヒーリングワークからです。

時間をあまりかけれない時、すぐに整えたい時、朝起きてすぐにパッとエネルギーを整えたい時などに使えるように、敢えて短時間で行えるヒーリングワークにしてあります。

では、鼻から吸って、口から吐く呼吸を数回行っていきます。

男性性のエネルギーである1、3、5、7のチャクラの部位をイメージしてください。

そして、赤、黄、水色、紫色のエネルギーが順に満ちるイメージを持ちます。

足の裏に意識を向け「GAM（ガム）」、大地の音というマントラを8回唱えます。

実際に声に出してもよいし、心の中で唱えるだけでもOKです。

最後にハートに意識を向け「ＡＵＭ（オーム）」、宇宙の根源であるマントラを8回唱えます。

次に、女性性のエネルギーを整えるヒーリングワークを行います。

再度、鼻から吸って、口から吐く呼吸を数回行っていきます。

女性性のエネルギーである8、6、4、2のチャクラの部位イメージしてください。そして、マゼンタ、藍、緑、オレンジ色のエネルギーが上から順に満ちるイメージを持ちます。

喉に意識を向け、「ＡＩＭ（アイム）」という創造、表現のマントラを8回唱えます。

最後にハートに意識を向け「ＡＵＭ（オーム）」、宇宙の根源であるマントラを8回唱えます。

唱え終わったら足の裏を感じて、意識を目の裏側まで上げ、今ここに戻って来てください。

ピラミッドXヒーリングワーク

いかがでしたか？短いのでどこでも行うことができると思います。

自分の足で人生を歩む、相手にしっかり思いを伝える、何かを継続してやり抜く…セラピストとして自立するためには男性性の質は必須です。逆に、相手や自分、現状を受け入れる、共感する、分かち合うなどの女性性の質がなければ、セラピーは成立しません。

セラピストとしてだけでなく、男性性と女性性のバランスは生きる上でとても大切です。このヒーリングワークは簡単だけどパワフルなので、私も毎日行うようにしています。

では最後に、身体・心・魂のエネルギーを、大いなる宇宙と繋げるヒーリングワークをお伝えします。これもすぐにできるよう考えたので、セッションの前に行っておくと、エンパシーが起きやすくなるのでおすすめです。

鼻から吸って、口から吐く呼吸を数回行っていきます。

四角錐のピラミッドをイメージの中でたてていきます。頭頂から美しい白い光が射し込み、ピラミッドが、あなたを包んでくれています。

次にあなたの身体に、無限の意である〝X〟をつくります。

両肺に意識を向け、次に両腎臓に意識を向けていきます。右肺と左腎臓を1本の光で繋ぎ、左肺と右腎臓を1本の光で繋ぎます。そして、X（無限の意）の光のエネルギーの道をつくります。

それにより、ご自分の中にある「心配」や「恐れ」のエネルギーが浮き上がってきます。

それらのネガティブなエネルギーを、吐く息と共にあなたを包んでくれているピラミッドへと届けます。神聖なる光のピラミッドは、不要なエネルギーを光へ変容させてくれます。

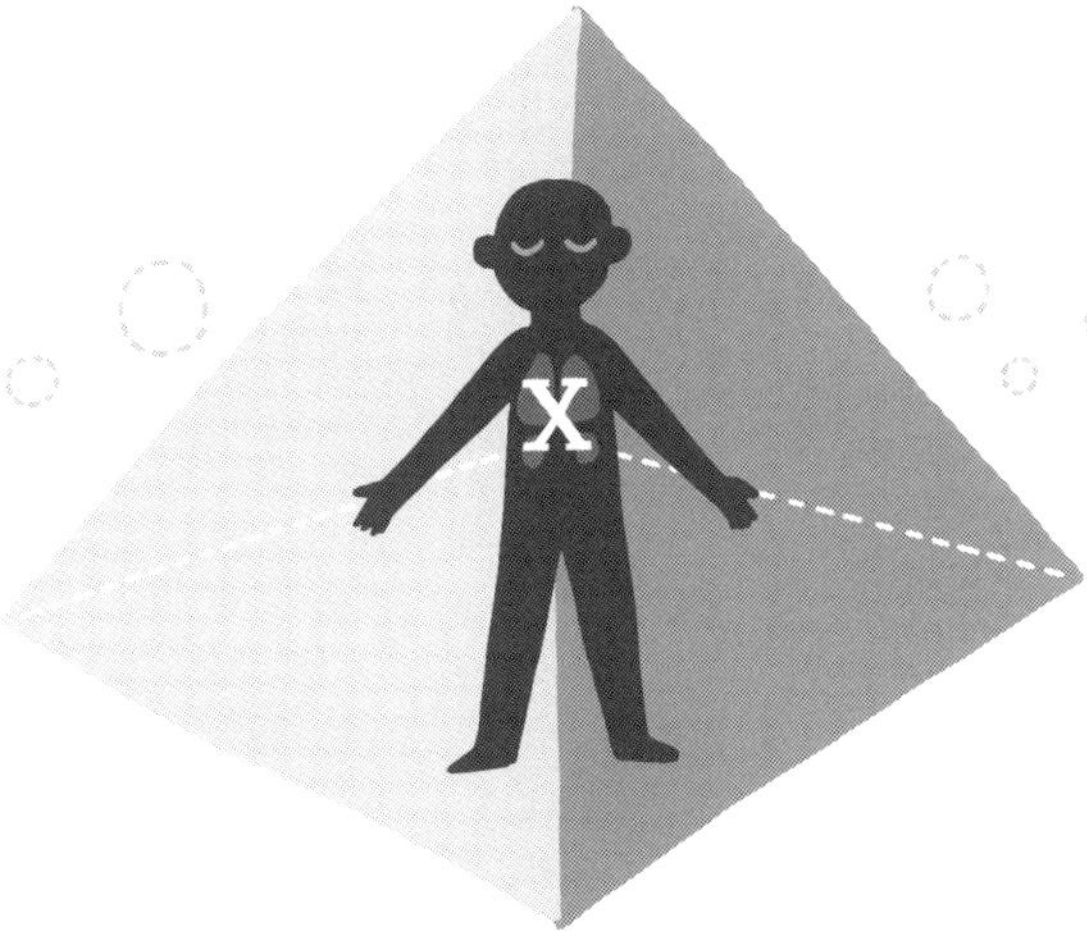

ピラミッドの輝きが増し、さらにあなたを包みます。ピラミッドはいつでも、あなたを守ってくれます。気がついた時は、ピラミッドの光を補充（チャージ）したり、あなたの中にある不要なエネルギーを光へと変えていってください。

癒しの大循環を起こしていこう！

レッスン4では、エンパシーの質を上げるためのヒーリングワークをたくさんお伝えしました。全部続けて行ってもよいし、単独で行ってもかまいません。なるべく一日に一回、本書の何らかのヒーリングワークを実践することをおすすめします。

エンパシーアロママッサージもエンパシーカウンセリングも、方法はとてもシンプルです。大いなる宇宙と繋がり、自分と繋がり、そして相手に共感し、五感で感じたことを伝えて癒しをサポートしていきます。相手が癒されると、自分自身も癒され、癒しの循環が起きます。この循環の輪を、深く、大きく、高く、広げていきましょう！

Point

◉エンパシーの力を高めるためには?

自分の身体、心、魂のエネルギーとしっかり繋がり、癒しを進め宇宙のゲートの幅を広げていく必要がある。そのために各ヒーリングワークが役に立つ

◉“聖なる契り”とは?

第8チャクラには宇宙と交わした“聖なる契り”がある。ヒーリングワークでチャクラ、宇宙としっかり繋がって“聖なる契り”を思い出そう!

◉宇宙と繋がる意味

宇宙、大いなる存在と繋がる感覚を思い出すと、大きな安心感がやってくる。これはすべての人が元々持っている感覚で、とても大切なもの

◉エンパシーのセッションやヒーリングワークを行ったら、五感で感じたことをメモに残して深めていこう!

Column
過去生Talk❹

外と内のHOMEを大切に

子育てを経験する中で、私にとって子育てこそ最大の瞑想であり、ヒーリングであり、偉大な気づきを与えてくれるものだなと感じることが多くありました。

二人の娘は、過去生でも私の家族だったことがあります。長女に関しては、過去生で身体に重度の障がいを抱えていて、当時の私は彼女の内面の素晴らしさに目を向けてあげられなかったというものがあります。彼女は今生では医療関係の仕事に就き、活躍しています。次女に関しては乗り物の事故で、若くして私より先に命を落としたというものがあり、駆けつけた時にはすでに白い布に覆われていた…というイメージがみえました。今生ではなぜか次女の帰りが少しでも遅かったりすると突然恐怖に襲われたり、何かにつけて「車に気をつけて」と言葉が出てきていました。成人するまでは、“守らなきゃ”という感覚が強くありましたが、今、彼女はとてもパワフルです。子どもたちとはお互いに切磋琢磨しながら、過去生からの課題を同時に清算してきた感覚があります。

仕事や会社は外でのお家、家庭や家族は内なるお家。どちらも自分の大切なお家、ホームです。自分の天職を続けていくためにも、どちらかだけではなく両方大切にしていく必要があると、今生で子どもたちに教えてもらった気がしています。

エンパシーアロマ体験談

【体験談❶】

癒しは〝気づき〟

（千葉県在住　ともこさん）

数年前に友人に勧められ、愛子さんのサロンに通うようになりました。

そこでエンパシーアロママッサージの施術を受けたのですが、毎回様々な癒しが起きました。体感としては身体が軽くなり、前向きになり、自分のことも段々好きになっていく感覚が生まれました。

過去生に関しては、出産をしてからなぜか〝飛行機が墜ちるのではないか？〟という恐怖がずっとありましたが、その理由が過去生と密接に絡んでいることを知り納得。自分の過去生は勇敢であったことも分かり、飛行機に乗ることが段々ラクになっていきました。

他にも、なぜか子どもが病気になった際に処方について詳しく調べたことがあったのですが、過去生が医者であったこともあると聞いて、子どもに対する病気の対処などにも自信が持てるようになりました。

また、学生時代に交通事故を経験しているのですが、その時に守ってくれていた存在がいると知りました。〝自分は何かに守られている、見守られている〟と感じることができて、人はそれぞれ、果たすべき使命、解消すべき課題があるのだと強く思うようになりました。

そしてそれは〝癒し人として生きる〟というもので、まったくセラピストでも何でもない私でしたが、愛子さんの養成講座に通うようになり、今は自宅サロンを主宰していて、全身エンパシーボディートリートメント＋カウンセリング、フェイシャルなどを提供していて、今後はよもぎ蒸し等も取り入れる予定です。

精油に関してはローズマリーの香りが好きで、感じるエンパシーワードは〝羽ばたくよ〟です。今、翼を広げて羽ばたいていると自分自身でも感じることができています。

愛子さんに出会い、癒しとは〝気づき〟なんだと強く思うようになりました。私も愛子さんのように、誰かの支えになれるようなセラピストを今後も目指していきたいです。

【体験談❷】

魂が喜ぶ生き方を！

（ＪＥＡＮＡ ＨＡＲＢＯＲ代表 戸田和樹さん）

東京・表参道にある美容院『ＪＥＡＮＡ ＨＡＲＢＯＲ』と、シンガポール支店『ＲＵＢＩＫ』にてサロンワークを行っています。また、これまでにアジアを中心にセミナーや技術講習、サロンディレクション等の活動をしてきました。

愛子さんとはシンガポールで出会いました。シンガポールに出張に行く度にサロンを訪れ、エンパシーアロママッサージを受け、愛子さんが拠点を日本に移された後も何度か通っています。

施術を受けて身体や呼吸がラクになったのはもちろんですが、ガチガチに凝り固まった、自分では気づかなかったあらゆる殻が剥がれ落ちていく感覚がありました。

言葉で説明するのは難しいのですが、何かに必要以上に執着すること、例えば生活の中から「ｍｕｓｔ」をなくすといいますか、〝やらなければならない〞〝しなければならない〞という感覚が減っていき、望むことを自然に行える状態になっていきました。

また、魂が喜ぶ考え方や行動が分かるようになっていったことで、必要な人や物事がタイミングよく訪れるようになりました。直観に従って生きている感覚というか…。潜在意識のレベルから深い気づきや癒しが起きているのがよく分かり、〝本来の自分自身に戻ることができた〞と感じています。

今は、愛子さんが行っている「瞑想セラピー」にも参加させていただくことがあります。こちらはエンパシーアロママッサージとは違いエネルギーワークになるので、今までに感じたことがなかったようなインスピレーションがたくさん降ってきます。

これからも魂が喜ぶ生き方をして、自分だけではなく、出会うお客さまにもそのエネルギーが伝わっていくといいなと考えています。

【体験談❸】

娘との関係を教えてくれた

（東京都在住　A・Sさん）

知人の紹介で愛子さんのサロンを訪ねました。私はスピリチュアルなことは鵜呑みにするのではなく、半信半疑で聞き、深い部分で納得したことを取り入れる主義。愛子さんはスピリチュアルなこと抜きにしても、施術が抜群に上手だと聞き、施術も楽しみにしていました。

初対面の愛子さんはとても気さくな雰囲気。話しやすいし、「何でもお見通し！」みたいな感じもなく、すごく真面目で誠実なセラピストさんだな…と感じました。

施術に使うアロマはラベンダーを選びました。私はラベンダーの香りが昔から好きで、新しい香りを取り入れようと思っても、いつもラベンダーに戻ってしまいます。サロンでもいくつか「これはどう？」と精油を用意してくれましたが、やはりその中からラベンダーを選んでいました。

施術はもう抜群にうまく、すぐにリラックス。背面もじっくり、お腹もじっくり、私が「そこ疲れてる…」と思っていた部位をまんべんなくほぐしてくれました。

心もほぐれてきた頃に愛子さんから、「なんかね、位が高い天使の姿がみえたんだけど…。これ、Sさんの娘ちゃんじゃないかな?天界では位の高い天使で、Sさんはその天使から学びを受けているような姿がみえる」とエンパシーで感じたことを共有されました。

しばらくするとまた、「ひとつ前の過去生では娘ちゃんはSさんの母親だったみたい。すごく献身的なお母さんで、Sさんもお母さんが大好きだったみたい。親子のカルマがありそうだね」とのこと。なぜか私もそれを告げられると、そのヴィジョンがスッと浮かんできました。

現在、私の娘は重度の知的障がいがあり、会話に困難さを抱えています。だけどこれまで、会話はなくとも通じ合えている確かな感覚があり、親バカかもしれませんが、居るだけでそこにいる人たちをあたたかな気持ちにさせてくれる〝何か〟を持っていると感じてきました。

なので、愛子さんが見えたヴィジョンには納得!やっぱり、天使だったんだね…。

ひとつ前の過去生では親子だったと聞いて、それもなぜかすんなり受け入れることができました。施術を受けながら娘の姿が浮かんできて、「お母さん、ありがとう。今度は私が愛を伝える番」という気持ちになりました。

施術はすごくあっという間なようで、永遠にも感じるような時間の流れでした。

後ほど、愛子さんからラベンダー精油は第7チャクラと深い関係があり、聖なる精油だと聞きました。確かに、ラベンダーの花の色は引き込まれるほど美しい紫色です。それから家ではラベンダーを育て、精油を焚き、ラベンダー精油を使ったアロマオイルで自分と娘をトリートメントするようにしています。

ラベンダー（*Lavandula angustifolia* シソ科）

☆エンパシーで感じるワード
『スピリチュアルな目覚め、
大きく高い心、天と繋がりながらの居眠り、
スピリチュアル世界への傾聴』

ラベンダーの語源は「洗う」という意味のラテン語。フローラル系のフレッシュな香りで用途が広く、「万能精油」とも言われる。

〔心身への働きかけ〕張りつめた感覚をやわらげリラックスへと導く。胃の不調、肩凝り、火傷、不眠症、頭痛、筋肉痛…etc.

精油を使うと、施術の時に感じた、永遠にも感じるような時の流れを感じることができます。何かに守られているような、神聖な感覚になります。

施術を受ける前までは「私の過去生の行いが良くなかったから娘が大変なんだ…だから私を早く癒さなきゃ！」と焦ったりする時期もありました。

今思うと、人生に完璧さを求めていたり、ポジティブやネガティブの定義をはき違えていたのだと思います。病気があるから悪いとか、癒されていないとか、そういう思い込みから解放され、とてもとても大きな癒しが起きたように感じています。誰にでも人生の課題があり、それに良いも悪いもない、ということが腑に落ちました。

もしもこれが、占いやチャネリングのように告げられていたら「…本当に？」という気持ちに私はなっていたと思います。宇宙からのメッセージというだけでなく、そこにしっかり愛子さんの共感やクライアントに対する想いが乗っていたから、すごく信頼でき、大きなものを受け取った感覚になりました。生涯を通して心の支えとなる施術になりました。

講座案内

★エンパシーアロマセラピスト＆
エンパシーカウンセリング集中養成セットコース

エンパシーを使用したセラピストになりたい方、プロのセラピストを目指したい方向けのセットコース。対面にて集中して全身の施術と技術を学ぶレッスンを行い、同時にオンラインにてエンパシーの基礎知識を学ぶ。また、チャクラに沿った自身の癒しも進めていくコース。※日程は要相談

★エンパシーアロマ認定コンサルタント養成コース

オンラインで行うエンパシーコンサルタント養成コース。今のお仕事に個性を加えていきたい方、エンパシーの世界観を取り入れていきたい方、魂の望む方向に進んでいきたい方など、スピリチュアルライフをサポートするコース。受講者それぞれの魂が望む方向を明確にして、そこに基づきレッスンを進めていく。
※日程は要相談

★瞑想セラピー

これからさらに、"眠りから目覚めて生きていく人、眠ったまま生きていく人"に分かれていくといわれている時代。瞑想を通じて、スピリチュアルの世界を知り、日々の生活の中に取り入れていくことで、身体と心と魂がワクワクし、笑顔が増えますようにという主旨のもと開催されている、誰でも参加できる定期講座。
https://empathyhealing.peatix.com

☆詳細はHPをご覧ください

Empathy Aroma School・Salon『I & YOU』
HP：https://www.empathyaroma.com
Blog：https://ameblo.jp/love-kokoro0825
Mail：empathyaroma@gmail.com

エンパシーセラピスト一覧

★NLP Coaching Association Pte. Ltd.
https://nlp-mastercoach.com

★Bintang
https://linktr.ee/sakitana?utm_source=linktree_admin_share

★Warp'
https://ameblo.jp/danielnancy

★願いを最速で叶えるミラクルヒーラー YUKO LUA
https://www.reservestock.jp/45744

★ヒーリングセラピスト 木内宏美
https://bio.site/aromaofthevalley

★癒しの空間~Kaori~
https://lin.ee/aEJlraVR

★月華　エンパシーナース
note.com/88keiko

★meSpace
https://ameblo.jp/sakicoo88

★RISA ライフコーチ畑山理沙
https://www.instagram.com/risahatayama

★Waku Waku Sparkler Nobuko.K
https://instagram.com/nobuko.agni?igshid=OGQ5ZDc2ODk2ZA==

and more!

おわりに

ここまでお読みいただき、ありがとうございました。

読みながら様々な共感＝エンパシーが起きたとしたなら、とても嬉しく思います。

私のサロンには、なぜかセラピストさんたちもよく通ってくださっています。

そこでみなさん話してくださることは、「セラピストなのに癒されきっていないダメな自分」「セラピストなのにネガティブな習慣が手放せない」「セラピストなのに潜在意識が癒されていないから、悪い環境を引き寄せてしまう」などなど…。

成長する過程で、〝完璧〟さを求められてきた方ほど、〝セラピストなら完璧に癒されていないと！〟と自分を追い込む傾向にあるように思います。

セラピストでなくても、思い描くように勉強や仕事ができない、子育てができない、結婚生活が送れない…と自分や相手を責めるクライアントさんはとても多いです。

生きている限り、〝癒されきる〟なんてことはありません。

エンパシーを行うようになってから、〝私たちは自分の弱さと強さを受け入れ、自らがアクションし、成長するためにここ（地球）にいる〟と確信するようになりました。

自分と共感すること、他者と共感すること、そして大いなる宇宙と共感すること。

エンパシーでみえる世界には完璧な人はいないし、そして、完璧じゃない人もいません。

私自身、これからもエンパシーと共に成長していきたいと思います。

そしてここ数年、ガイアや宇宙のエネルギーの流れが大きく変化してきているように思います。日常でも、これまでのやり方や幸せの定義がどんどん変容してきていますよね。これからさらに身体、心だけでなく魂の部分の癒しと成長が重要になる時代がやってきます。エンパシーセラピストの出番です！

自分と、相手と、宇宙と繋がって、どんどん癒しを進めていってください。

〝エンパシー〟には正解も不正解もありません。けれど行う際は、〝誠実であること〟これだけは肝に命じておいてください。宇宙はすべてお見通し、いつもみられています。

この書籍を書くにあたり、株式会社ＢＡＢジャパンのみなさま、隔月刊『セラピスト』の編集部、そして編集を担当してくれた林亜沙美さんには大変お世話になりました。また、実際に特別授業に参加してくださった生徒さんたち、ご協力に心からお礼申し上げます。今も生徒さんたちは皆、それぞれに素晴らしいエンパシーの道を歩んでらっしゃいます。

これまでに出会ったすべてのクライアントさん、生徒さん、友人たち、恩師。あなたたちがいなければ私の成長はありません。そして私の人生の師匠であり、大切な大切な二人の娘たち。常に私を肯定し応援し続けてくれるお母さん、課題をくれたお父さん。また、妹たちと彼女らのパートナー、そして私のパートナー。あなたたちと今生で再び出会えたこと、共に生きていることに、最上級の感謝を伝えます。

そして、いつも見守ってくれている大いなる宇宙。
これからもサポートをよろしくお願いします。

すべての方々に宇宙の愛のエネルギーが降り注ぎますように。

山本愛子

Profile

山本愛子 (Aiko Yamamoto)

神奈川県鎌倉市在住。「Empathy Aroma School・Salon I & YOU」主宰。セラピスト歴20年以上、これまでに約五千人以上に施術を行う。リピーター多数。バッチ国際教育プログラムレベル1・2修了、ナード・アロマテラピー協会 アロマ・アドバイザー修了、アロマヘッドマッサージコース認定、現代霊気法 初伝・奥伝・神秘伝修得、レイキヒーリングシステムティーチャー、ポールシェリー・フェイシャル認定、エサレン®マッサージプラクティショナー、国際セラピストCIBTAC認定セラピスト。

Empathy Aroma School・Salon『I & YOU』
https://www.empathyaroma.com
empathyaroma@gmail.com

※本書で紹介しているヒーリングワークの音声が
上記サイトにて紹介されています

【参考書籍】

『エンパシー 共感力のスイッチをオン/オフしよう』(ヴォイス)
ローズ・ローズトゥリー著/埴原由美 訳
『レイキを活かす』(産調出版)タンマヤ ホナヴォグト著/竹田悦子 訳
『7つのチャクラ』(サンマーク出版)キャロライン・メイス著/川瀬勝 訳
『魂からの癒し チャクラ・ヒーリング』(徳間書店)ブレンダ・デーヴィス著/三木直子 訳
『運命の脚本を書くアーキエンジェル・マイケルからの贈り物』(太陽出版)
ロナ ハーマン著/大内博 訳
『スピリチュアルアロマテラピー入門』(BABジャパン)吉田節子 著

愛と才能と豊かさに目覚める！

奇跡を起こす
エンパシーアロマ教室

2023年8月16日　初版第１刷発行

著　者　　山本愛子
発行者　　東口 敏郎
発行所　　株式会社BABジャパン
〒151-0073 東京都渋谷区笹塚1-30-11 4F・5F
TEL 03-3469-0135　　FAX 03-3469-0162
URL http://www.bab.co.jp/
E-mail shop@bab.co.jp
印刷・製本　中央精版印刷株式会社

ISBN978-4-8142-0565-3 C2077

Ilustration／Suetsumu Sato
Cover Design／Shoji Umemura
DTP Design／Shimako Ishikawa

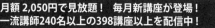

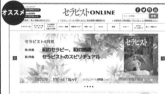